拜德雅
Paideia
人文丛书

福柯的最后一课

关于新自由主义，理论和政治

[法]乔弗鲁瓦·德·拉加斯纳里 | 著
(Geoffroy de Lagasnerie)

潘培庆 | 译

重庆大学出版社

目 录

- 总　序 -

重拾拜德雅之学

1

中国古代，士族教育的主要内容是德与雅。《礼记》云："乐正崇四术，立四教，顺先王《诗》、《书》、《礼》、《乐》以造士。春秋教以《礼》、《乐》，冬夏教以《诗》、《书》。"这些便是针对士之潜在人选所开展的文化、政治教育的内容，其目的在于使之在品质、学识、洞见、政论上均能符合士的标准，以成为真正有德的博雅之士。

实际上，不仅是中国，古希腊也存在着类似的德雅兼蓄之学，即 paideia (παιδεία)。paideia 是古希腊城邦用于教化和培育城邦公民的教学内容，亦即古希腊学园中所传授的治理城邦的学问。古希腊的学园多招收贵族子弟，他们所维护的也是城邦贵族统治的秩序。在古希腊学园中，一般教授修辞学、语法学、音乐、诗歌、哲学，当然也会讲授今天被视为自然科学的某些学问，如算术和医学。不过在古希腊，这些学科之间的区分没有那么明显，更不会存在今天的文理之分。相反，这些在学园里被讲授的学问被统一称为 paideia。经过 paideia 之学的培育，这些贵族身份的公民会变得“雅而有德”(καλὸς κἀγαθός)，这个古希腊语单词形容理想的人的行为，而古希腊历史学家希罗多德(Ἡρόδοτος)常在他的《历史》中用这个词来描绘古典时代的英雄形象。

在古希腊，对 paideia 之学呼声最高的，莫过于智者学派的演说家和教育家伊索克拉底(Ἰσοκράτης)，他大力主张对全体城邦公民开展 paideia 的教育。在伊索克拉底看来，paideia 已然不再是某个特权阶层让其后嗣垄断统治权力的教育，相反，真正的 paideia 教育在于给人们以心灵的启迪，开启人们的心智，与此同时，paideia 教育也让雅典人真正具有了人的美德。在伊索克拉底那里，paideia 赋予了雅典公民淳美的品德、高雅的性情，这正是雅典公民获得独一无二的人之美德的唯一途径。在这个意义上，paideia 之学，经过伊索克拉底的改造，成为一种让人成长的学问，让人从 paideia 之中寻找到属于人的德性和智慧。或许，这就是中世纪基督教教育中，及文艺复兴时期，paideia 被等同于人文学的原因。

2

在《词与物》最后，福柯提出了一个“人文科学”的问题。福柯认为，人文科学是一门关于人的科学，而这门科学，绝不是像某些生物学家和进化论者所认为的那样，从简单的生物学范畴来思考人的存在。相反，福柯认为，人是“这样一个生物，即他从他所完全属于的并且他的整个存在据以被贯穿的生命内部构成了他赖以生活的种种表象，并且在这些表象的基础上，他拥有了能去恰好表象生命这个奇特力量”[1]。尽管福柯这段话十分绕口，但他的意思是很明确的，人在这个世界上的存在是一个相当复杂的现象，它所涉及的是我们在这个世界上的方方面面，包括哲学、语言、诗歌等。这样，人文科学绝不是从某个孤立的角度（如单独从哲学的角度，

1 米歇尔·福柯，《词与物》，莫伟民译，上海：上海三联书店 2001 年版，第 459-460 页。

单独从文学的角度，单独从艺术的角度）去审视我们作为人在这个世界上的存在，相反，它有助于我们思考自己在面对这个世界的综合复杂性时的构成性存在。

其实早在福柯之前，德国古典学家魏尔纳·贾格尔（Werner Jaeger）就将 paideia 看成是一个超越所有学科之上的人文学总体之学。正如贾格尔所说，“paideia，不仅仅是一个符号名称，更是代表着这个词所展现出来的历史主题。事实上，和其他非常广泛的概念一样，这个主题非常难以界定，它拒绝被限定在一个抽象的表达之下。唯有当我们阅读其历史，并跟随其脚步孜孜不倦地观察它如何实现自身，我们才能理解这个词的完整内容和含义。……我们很难避免用诸如文明、文化、传统、文学或教育之类的词汇来表达它。但这些词没有一个可以覆盖 paideia 这个词在古希腊时期的意义。上述那些词都只涉及 paideia 的某个侧面：除非把那些表达综合在一起，我们才能看到这个古希腊概念的范阈”[1]。贾格尔强调的正是后来福柯所主张的“人文科学”所涉及的内涵，也就是说，paideia 代表着一种先于现代人文科学分科之前的总

1 Werner Jaeger. *Paideia: The Ideals of Greek Culture. Vol. 1*. Oxford: Blackwell. 1946. p. i.

体性对人文科学的综合性探讨研究，它所涉及的，就是人之所以为人的诸多方面的总和，那些使人具有人之心智、人之德性、人之美感的全部领域的汇集。这也正是福柯所说的人文科学就是人的实证性（positivité）之所是，在这个意义上，福柯与贾格尔对 paideia 的界定是高度统一的，他们共同关心的是，究竟是什么，让我们在这个大地上具有了诸如此类的人的秉性，又是什么塑造了全体人类的秉性。paideia，一门综合性的人文科学，正如伊索克拉底所说的那样，一方面给予我们智慧的启迪；另一方面又赋予我们人之所以为人的生命形式。对这门科学的探索，必然同时涉及两个不同侧面：一方面是对经典的探索，寻求那些已经被确认为人的秉性的美德，在这个基础上，去探索人之所以为人的种种学问；另一方面，也更为重要的是，我们需要依循着福柯的足迹，在探索了我们在这个世界上的生命形式之后，最终还要对这种作为实质性的生命形式进行反思、批判和超越，即让我们的生命在其形式的极限处颤动。

这样，paideia 同时包括的两个侧面，也意味着人们对自己的生命和存在进行探索的两个方向：一方面它有着古典学的厚重，代表着人文科学悠久历史发展中形成的良好传统，孜孜不倦地寻找人生的真谛；另一方面，也代表着人文科学努力在生命的边缘处，寻找向着生命形式的外部空间拓展，以延伸我们内在生命的可能。

3

这就是我们出版这套丛书的初衷。不过，我们并没有将 paideia 一词直接翻译为常用译法“人文学”，因为这个“人文学”在中文语境中使用起来，会偏离这个词原本的特有含义，所以，我们将 paideia 音译为“拜德雅”。此译首先是在发音上十分近似于其古希腊词汇，更重要的是，这门学问诞生之初，便是德雅兼蓄之学。和我们中国古代德雅之学强调“六艺”一样，古希腊的拜德雅之学也有相对固定的分目，或称为“八艺”，即体操、语法、修辞、音乐、数学、地理、自然史与哲学。这八门学科，体现出拜德雅之学从来就不是孤立地在某一个门类下的专门之学，而是统摄了古代的科学、哲学、艺术、语言学甚至体育等门类的综合性之学，其中既强调了亚里士多德所谓勇敢、节制、正义、智慧这四种美德

(ἀρετή)，也追求诸如音乐之类的雅学。同时，在古希腊人看来，“雅而有德”是一个崇高的理想。我们的教育，我们的人文学，最终是要面向一个高雅而有德的品质，因而我们在音译中选用了“拜”这个字。这样，“拜德雅”既从音译上翻译了这个古希腊词汇，也很好地从意译上表达了它的含义，避免了单纯叫作“人文学”所可能引生的不必要的歧义。本丛书的 logo，由黑白八点构成，以玄为德，以白为雅，黑白双色正好体现德雅兼蓄之意。同时，这八个点既对应于拜德雅之学的“八艺”，也对应于柏拉图在《蒂迈欧篇》中谈到的正六面体（五种柏拉图体之一）的八个顶点。它既是智慧美德的象征，也体现了审美的典雅。

不过，对于今天的我们来说，更重要的是，跟随福柯的脚步，向着一种新型的人文科学，即一种新的拜德雅前进。在我们的系列中，既包括那些作为人类思想精华的**经典作品**，也包括那些试图冲破人文学既有之藩篱，去探寻我们生命形式的可能性的**前沿著作**。

既然是新人文科学，既然是新拜德雅之学，那么现代人文科学分科的体系在我们的系列中或许就显得不那么重要了。这个拜德雅系列，已经将历史学、艺术学、文学或诗学、哲学、政治学、法学，乃至社会学、经济学等多门学科涵括在内，其中的作品，或许就是各个学科共同的精神财富。对这样一些作品的译介，正是要达到这样一个目的：在一个大的人文学的背景下，在一个大的拜德雅之下，来自不同学科的我们，可以在同样的文字中，去呼吸这些伟大著作为我们带来的新鲜空气。

- 译者序 -

福柯论新自由主义的话语是“右派”言论吗?

福柯原来是左派，不是一般的左派，而是激进左派。但在他的晚年，他却在“向右转”。至于他距离右派还有多远，是一百米，还是五十米，这并不重要，关键是他在向右转，而且这是一个确凿的事实。不仅一般人这样认为，就连和福柯比较接近的人也这么认为。这件事在法国左派阵营内造成了不小的震动，惊讶、迷茫、不解，也许还有愤怒。

到底是怎么回事？这就涉及福柯关于新自由主义的话语，主要是 1979 年他在法兰西学院的讲课，该年度的讲课总题目叫“生物政治的诞生”。他在讲课中大谈新自由主义，但他非但没有对此理论和实践口诛笔伐，反而从正面和肯定的角度来谈论，给人的印象就是在为新自由主义评功摆好。那新自由主义是什么东西？那是右派主张，保守派理论，是为统治阶级和资本主义服务的意识形态。左派人士的困惑，甚至愤怒都不难理解。这就好像左右两大阵营在对阵，而身为左派大将的福柯，却在阵前为敌对方的意识形态说话。这不是背叛吗?！福柯自这一讲课之后，他的思想，甚至他的为人都受到不少人的误解。福柯一贯享有左派名声，但却晚节不保，不免令一些人感到遗憾。自福柯去世后，虽然他在总体上仍然被公认为是左派激进人士，但他在1979年关于新自由主义的讲课还是留下了疑问，以至于有人不愿多讲，甚至回避。事情过了几十年，现在有一位法国青年作者，他公开站出来为福柯打抱不平，他从新的角度阐发福柯这一课的微言大义，恢复福柯本来的激进左派真面目，这就是《福柯的最后一课》的由来。

福柯利用法兰西学院这样的学术讲坛，公开发表他对新自由主义的看法，这之所以在左派阵营内引起疑惑，是因为福柯打破了一大禁忌。1979年，这还是在冷战期间。只要哪怕稍微经历过当时的政治运动的人，都知道左派、右派这些概念的沉重分量。当整个社会被划分为左、右两大派，左派是专政者、镇压者，右派是专政对象，是被镇压者。一顶左派帽子可以让一个人扬眉吐气，可以高升到“九天”之上；而一顶右派帽子则可以让一个人立即被打入“九地”之下，过着生不如死的生活。在西方资本主义社会，同样的剧目也在上演，凡是左派人士，哪怕是有左倾言论和思想的人，甚至同情苏联、中国等社会主义阵营国家，或者去苏联、中国等社会主义阵营国家旅行的人，他们都有可能被记录在册，被视为危险分子，或者可疑分子。所以在冷战形势下，当福柯这位左翼激进分子对新自由主义这种所谓统治阶级意识形态感兴趣，甚至还要从“肯定性”方面来谈论它，这在左派阵营看来不就是丧失立场，甚至背叛吗？！

福柯在1950年代研究精神病学，60年代初出版著名的疯癫史著作，继而研究近现代人文科学；70年代研究权力，研究司法和监狱体系，70年代中期开始研究现代性史，尤其是他提出了一系列新的概念，如治理术、规范化权力、微观权力、规训化社会等。这一路走来，他对近现代社会的由来，其权力运行模式等课题已经有了非常独到的看法。哲学的本质就是质疑。如何质疑现代社会的治理？如何对现代社会进行批判？当然可以去发明一种新的批判理论，但这需要时间，更需要实践的检验。福柯对新自由主义着迷，因为他觉得有可能利用右派的理论武器，不妨进行一番尝试。与其自己发明批判的武器，不如到敌对阵营去拿几件现成的武器来使用。用右派的理论武器来批判资本主义的治理实践，这应该就是福柯关于新自由主义话语的主要方面。可以说这是“以子之矛，攻子之盾”。

近现代国家的起源，离不开近现代社会的法制建设，离不开近现代社会的治理理论和实践。而福柯所谓的自由主义，它一开始就以国家理性及其治理术的怀疑者、质疑者，甚至反对者的面目出现。国家理性及其治理术的目标就是无限制地扩大其治理范围，使治理最大化、最优化，但自由主义者则冷静得多，他对治理持怀疑态度，他的疑问是：治理是否有效？治理的代价是什么？是否治理的代价高于收益？自由主义者还进一步提问：是否治理过度了？必须永远怀疑治理过度了。更有甚者，自由主义者还从根本上怀疑：治理是否必要？所以，在福柯看来，自由主义试图对近现代国家理性及其治理术提出限制，规定不可逾越的界线。如果说古典自由主义只是要求政府给市场留出一块自由的空间，让市场自发调节；新自由主义则胃口更大，它要让市场经济原则来调节政治权力，从市场角度来监视，并评价国家的治理。福柯在“生物政治的诞生”一课中主要研究了德国秩序自由主义和美国新自由主义。古典自由主义和新自由主义虽然有很大差别，但福柯还是看到它们都有限制、约束国家治理的一面。尤其新自由主义主张多元性，反对一元性；主张多样性，反对统一化，这里面就包含某种程度的解放意义。

譬如福柯所谓现代规训社会，它的一大技术就是个体化技术，这种技术和心理主义相结合，在极大程度上塑造了现代个人。人被划分为正常者和反常者，合规矩者和不合规矩者两大类。反常者在近现代西方历史上是一个很大的概念，可以包括所有被排斥在规范之外的人，如疯子（后来叫精神病患者）、同性恋者、歇斯底里者、亵渎神灵者、轻罪犯人、罪犯，甚至流浪汉和失业者也在其中。就犯罪和罪犯而言：规训的个体化技术深入到个人身心、行为方式、生活习惯等方面。于是，司法机构关注的不再只是犯罪本身，而且还涉及导致犯罪的各种原因，如某种强迫症，某种怪癖，某种生理缺陷，某种童年的不良生活方式等。这样一来，法律、司法机构、犯罪学，它们的任务就绝不仅仅是如何按照法律来惩罚罪犯，而在于挖出犯罪的根本原因。于是按照规范，而不是按照法律定义的犯罪行为，所有患有某种强迫症，所有具有某种爱好、某种习惯的人都成了潜在的罪犯。法律一下子将其触手伸到个人生活的各方面，打击面无限扩大。在福柯看来，要打破这种规训权力，新自由主义的“经济人”概念就可以助一臂之力。新自由主义把人一概视为经济人，而经济人只想为自己谋取最大的利益。犯罪本身就是一种理性行为，因为罪犯在犯罪之前必然对犯罪得手与犯罪失败的各种可能性作了基本估计，而他决定犯罪是因为他认为得手的可能性大于失败的可能性。这样，犯罪就和犯罪学、精神分析学等心理主义所认定的犯罪原因没有关系，由此就可能把大批潜在的嫌疑罪犯解放出来。至于怪癖、特殊的童年经历等，那本来就是世界多元性、多样性、众多性的一个方面，绝不是病态，不必接受再教育，无需改造，无需规范化。如果说规训社会的理想计划是治疗所有不合规范的人，矫正他们的所有不规范行为，把他们全部纳入规范，并从根本上消灭犯罪，那么新自由主义认为这是一个乌托邦计划，这在根本上违反了世界的多元性特征。

由此来看，福柯论新自由主义的话语并非右派言论。可以说，福柯的左派批判立场并未改变，他始终站在被统治者、被治理者、被歧视者一边，并想方设法为他们寻找批判现实治理的理论武器。至于他摆脱左派的禁忌，能够从正面和肯定的角度来看待新自由主义，是因为他知道如果对新自由主义作一番老生常谈的批判，如批判它的物质主义、消费主义、商品化、市场化、个人主义、自私自利、经济人等，这样做根本就没有击中新自由主义的要害。要批判新自由主义，只有首先消化，并吸收它的积极方面，为己所用，而不是只专注于它的否定方面。按《福柯的最后一课》作者的看法，福柯关于新自由主义的言论决不表示他认同新自由主义，更不意味着他要成为新自由主义者。福柯并不想把新自由主义树立为教条，也不是主张要奉行新自由主义那一套。

任何批判都有一个立场问题。要批判新自由主义，同样有一个立场问题。《福柯的最后一课》的作者认为不能以前自由主义来批判新自由主义。如何对待自由主义和新自由主义这种在近现代思想史上有重大贡献的哲学思想？本书作者这样说:“如何质疑某种现存秩序，却又不至于几乎自动地赞同过去的秩序，或者不把过去的秩序视为某种人们只能为之感到惋惜的时代？更确切地说，如何才能设想一种针对新自由主义的批判性考察，此考察并不以抬高身价的方式来介绍被新自由主义破坏的东西，并不有意或无意地以自由主义之前的价值作为依据？”他还从马克思的做法中受到启发：马克思当年就批评社会民主党人，说他们以前资本主义来批判资本主义。这样的批判实际上是倒退式的批判。福柯从肯定性角度来研究新自由主义，就是首先看到它的独特性方面，看到它所带来的新东西，而不是把婴儿和洗澡水一起倒掉。尤其不能以老一套陈词滥调来进行怀旧式批判。所以，福柯必须打破左派对意识形态所作的传统划分，他这样做必须要有巨大的勇气，也要准备好付出代价。结果代价就是遭到左派的怀疑，被认为在“向右转”。

最后，再就新自由主义和中国语境说几句。20 世纪是人类历史上政治意识形态最浓的时代。在此时代，一切都被打上意识形态的烙印，如左派和右派的划分。人世间本来就有的多元性、多样性、众多性都被掩盖了。福柯的勇气就在于他打破了左派的禁忌。福柯关于新自由主义的话语，按照《福柯的最后一课》作者的看法，那是出于一种策略，如果用中国人熟悉的话来说，可以说就是鲁迅所谓的“拿来主义”。取其精华，去其糟粕，这就是“拿来主义”的精髓。但如何取舍？根据自己的情况和需要。要实行“拿来主义”是需要有勇气的，因为首先要冲破各种成见，冲破思想的牢笼。其实，当初决定在中国搞改革开放政策的前辈们，他们实际上也实行了“拿来主义”。如果他们当时也坚守改革前对社会主义和资本主义的严格定义，坚决恪守改革前对左派和右派的严格区分，那么今天就绝不会有作为世界第二大经济体的中国。

中国人曾经在几十年当中批判资本主义和资产阶级思想。但中国人当时已经全部吸收并消化了资产阶级革命所带来的积极成果了吗？已经充分吸收并消化了资本主义的科技和生产力了吗？答案是否定的。不妨再引用《福柯的最后一课》中的一段话：“马克思认为，把握资本主义的‘肯定性’，就是理解并接受资产阶级是一个真正革命的阶级：它改变了经济关系，把个人从传统的附属关系中解放出来；它使人具有形式上的‘平等’权利，使人通过商业机制交换产品和服务，以这样的人际法律关系取代了封建的隶属关系。”且不说生产力，就资产阶级革命所带来的人的这种解放，思想的解放，中国人当年已经充分理解，并身体力行了吗？从“反右”到“文革”的所有政治运动，以及中国人的基本表现，这一切都已经作出了否定的回答。自由、平等观念的薄弱，甚至缺乏，或者人身依附思想的浓厚，为个人崇拜和造神运动提供了最佳的社会土壤。所以，借用马克思的说法，中国人以前对资本主义的批判，基本上是以前资本主义来批判资本主义。同样道理，如果今天中国人要批判新自由主义，似乎也应该首先充分吸收并消化该理论在历史上带来的积极成果。要超越巨人，就必须站在巨人的肩上，才能比巨人看得更远。

在当今世界，治理是一个全球性的问题，只是中国的治理问题尤其突出。自改革开放以来，中国一直在努力走出以前依靠政治运动来搞建设的模式，力求开辟一条依法治国的道路。在此过程中，从国家到地方，包括各行各业，相继出台了大量法律法规，这种规模，不仅在中国历史上，就是在人类历史上也是没有先例的。于是，新自由主义提出的一系列问题就摆在中国人的面前：中国是否有治理问题？如果有，那么治理是否有效？治理的成本是否适度？从人治到法治，是否存在矫枉过正的倾向，或者治理是否存在过度的问题？这一切都值得中国人深思。

福柯的最后一课

关于新自由主义，理论和政治

La dernière leçon de Michel Foucault

Sur le néolibéralisme, la théorie et la politique

与其从法理上创建一种理论，不如现在确立一种可能性。

——米歇尔·福柯

前　言

在当代思想中，新自由主义这个问题占据的位置越来越重要。一本又一本书，一个又一个论坛，无不在重复这样一个观点，即当今最关键的事情在于揭露新自由主义逻辑的泛滥，以至越来越多的人接受了此观点。事实上，人们翻来覆去地说，新自由主义会改变我们世界的运行。当然，它也会重新定义经济规则。但更为严重的是它会颠覆社会的传统组织。整个社会秩序可能会由于这一难以抵御的剧变而发生动摇，还会波及社会秩序赖以生存的所有机构，如国家、学校、家庭、法律等。一种设想连接政治、法律和经济，连接个人和集体之间相互关系的闻所未闻的方法正在具体化。人文科学应该立刻关注这些现象，以便理解它们的影响，估计它们所包含的危险，并提出能够抵制它们的工具。

或许人们会认为，如此关注同一主题，一定会有异常丰富和创造性的成果。然而很遗憾，我们看到的是思想生活的单一化和限制。在知识界的几乎所有领域，实际上传播着一些相互重叠的分析，它们运用的是同样的认识，同样的解读框架。换言之，新自由主义的问题，其作用在今天好像已成为消除理论和政治分歧的因素。它并未引起众多的矛盾解释，它在很多人那里激发起相似的感受，而人们本来预料这些人会表达彼此相去甚远，甚至是对立的观点。在此问题上，现在可以看到，可思与可说领域正在缩小，总之，看到一种想象力的总体性危机。

无数的文章以谴责新自由主义为目的，人们在这些文章的根本点上几乎可以系统地看到同一论据，都以悲叹形式出现：今天，凡是隶属于"共同体"逻辑的都会由于个体性及本位主义（particularisme）逻辑而衰落。新自由主义会使利己主义、自我中心占据支配地位，它会首先重视个人利益，重视"我"的利益，损害"我们"、"社会"，以及"共同机构"的利益。因此，道德、宗教、政治、法律等，都会丧失它们的约束力和整合力，互惠互利、赠予、援助的关系日趋衰落，并逐渐被商业关系所取代。从今往后，个人不再认同任何高尚的原则，也不遵从任何超越的价值（规范或者公认的价值、相互间的关系），而这些恰恰是"建立"或者"重建社会"所必需的。由此会导致"社会联系"（从团体中退出［désaffiliation］）、相互关心和团结互助的危机，同时会引发众多的少数人运动；个人在这些运动内部要求个人权利（可以把这称为民主），可这些运动却表明他们实际上拒绝服从象征性的秩序，拒绝服从法律。

当然，关于这些话语，它们的疏忽和局限，以及鼓动其说话者的冲动，这其中都大有文章可做，但尤其使我感兴趣的是这样一点：这些话语如何透露了左派思想的变化，特别是批判理论空间内部占主导地位的情绪。这些陈述实际上证明了某种范式，或者某种提问模式具有越来越强的控制力：它们都基于这样一种认识，即被建构为否定的东西即是混乱(anomie)、反调节(dérégulation)、无序等；而被指定为相关陪衬物的东西，那就是我们的社会被"瓦解"，公共领域被"摧毁"，社会"淡化"和"原子化"(atomisation)。反过来，这一框架也指定了肯定的必要性，那就是恢复"共同生活"，有雄心再赋予集体机构以意义，并重建"社会联系"等。

必须认识到如下这一点：这些陈述没有提供任何描述。它们无论如何都不是对新自由主义现象，或者不是对当今社会变迁所作的严肃分析。它们构成了一种解释体系，一种理解模式，此模式强迫人们接受某种看世界的方法(因而也可能有其他看法，也可以设想其他的表述)。这种意识形态结构取得支配权，这揭示了左派，尤其是极左派由于新自由主义的出现而变得何等惊讶、困惑和不知所措。面对这一新范式的出现，左派好像没有准备。说得更明白些，由于必须在政治上与此治理术进行斗争，结果却导致智力的瘫痪，甚至导致某种反智主义：揭露新自由主义成为首要任务，但这种揭露之所以可以进行的原因却微不足道，这使得根本不可能就批判理论自身的论证进行任何思考。

这种情况导致的一个结果，就是价值的颠倒，而不说是价值的蜕变：今日左派谈论的是秩序、国家和调节。左派设立了一个类似鬼魂一样的东西，必须全力以赴来驱除混乱；左派还把个性化、生活模式的多样化、层出不穷的少数人行动等都称之为病态现象。

正由于这个原因，我认为我们今天面临着再创左派的任务。必须远离这样的咒语，必须抛弃这些咒语所传播的关于调节和安排的幻想。我们必须设想一种新的观察话语，创造一种新的批判理论，这种批判理论不会成为一部谴责机器，去谴责物质主义，保护消费者主义、商品化、个人主义，甚至简单地谴责自由，以至于赞美集体规范和体制的优越。

恢复皮埃尔·布迪厄[1]所谓“左派的极端自由主义传统”计划，这当然不能仅凭一纸论战和战略计划就能完成。本书并非一篇战斗檄文。在反对新自由主义的斗争中所表现出，并继续表现出的专制冲动并非无缘无故产生的。这些冲动暴

1 Pierre Bourdieu（1930—2002），被誉为20世纪下半叶最重要的法国社会学家之一。——译者注

露了社会理论和政治哲学概念内部的一种可能性，也许它们还是由政治哲学制造和激发起来的。尽管如此，还是必须把这一配置作为对象：我们应该考察这一配置，对它重新加工并重新表达。我选择通过重新阅读米歇尔·福柯论述新自由主义的文章（尤其是他在法兰西学院的讲课“生物政治的诞生”）来从事这项工作，因为对于福柯来说，我会指出这一点，问题在于思考一个同样的问题，即如何在新自由主义时代设计一种激进理论、一种批判哲学和一种解放实践？

导　言

一次越界

米歇尔·福柯在法兰西学院的讲课，其“生物政治的诞生”[1]一课或许是被评论最多的，其在许多方面也是备受争议。因为福柯在这一课中对新自由主义所作的分析，他对该流派主要理论家所作的解读，还有他对参考此学派的政策所作的解释，这些都引起了争执：是否福柯在生命的最后时期正在变成一个自由主义者？他的这一课不是表明他自 1980 年代初即开始进入一条危险的道路？尽管注意到这一点是多么令人烦恼，但《规训与惩罚》的作者，这位在 1968 年 5 月之后代表激进左派的主要人物，他在其生命的最后时刻正在向右转，难道不应该承认这一点吗？而福柯当时的很多学生就是这样认为的。

人们时常提到以下这一点来支持这种看法，即福柯在其

1　米歇尔·福柯，《生物政治的诞生：在法兰西学院的讲课（1978—1979）》，巴黎，加利玛—门槛，2004 年。（Michel Foucault, *Naissance de la biopolitique. Cours au Collège de France(1978-1979)*, Paris, Gallimard-Seuil, 2004.）

讲课中没有对新自由主义进行任何细微的批判，然而他对马克思主义和社会主义却使用了非常严厉的措辞。福柯评论新自由主义者的文章时，他描述了在德国由赫尔穆特·施密特[1]，或者在法国由瓦勒里·季斯卡·德斯坦[2]推行的政策如何与这一学派的思想相吻合，但他从未表示他开始和这些政策保持距离。总之，他讲课的基本色调显得并非批判性的。一切都好像福柯完全投入了他的讲课对象，并为之着迷。新自由主义的变革开始降临世界，而福柯好像远没有去制造反抗此变革的工具，他仅仅满足于去描述其诞生。而他的沉默正是表示了他的暗中赞同。

其实，这一对福柯的指责——他由此成为受害者——我觉得可以用另一种方式来解释。此指责来自某种表面上并不明显，却更隐蔽，也许更根本的现象：当福柯决定就新自由主义的传统讲一课，他逾越了知识界中的一条深深的界线。

实际上，在过去的60年当中，慢慢地在合法的，或者占主导地位的理论空间和新自由主义之间形成了一堵墙。新自由主义理论家被视为不可多交往的作者，在政治哲学方面，

---

1 Helmut Schmidt，西德总理（1974—1982在任），他在其任内在经济政策上奉行凯恩斯主义。——译者注

2 Valéry Giscard d' Estaing，法国总统（1974–1981在任）。——译者注

尤其是在批判思想的领域，人们不会想到去引用他们的话，也不会去读他们的书，除非是把他们当作陪衬角色，即人们在构成自己的思想时加以反对的对象，人们试图打败的对象。他们好像和可能的、可以考虑的参考领域没有关系。

其实，人们非常广泛地认为新自由主义理论是危险的、反动的。其主要理论家被描述成一帮可疑分子，一群有害的空洞理论家，他们在制定反调节政策（politiques de dérégulation），在摆脱社会国家约束的政策方面起了决定性作用。一个“新自由主义社会”的出现，从根本上说，责任在于这种思想的影响越来越大，正由于这个原因，此思想被视为哲学的头号敌人。所以，当福柯拒绝了一道命令，即让批判性知识分子无视这一传统，或者从根本上否定它，他也对深深根植于左派方面的某种思维提出了质疑。正由于这个原因，福柯才被认为在“向右转”，不管怎么说，好像他在远离左派的思想家庭。

作为右派意识形态的新自由主义

从历史上看，无疑大部分新自由主义的作者都显得接近右派，甚至接近右派中最顽固的一部分人。很多研究都极力指出：自1970年代后降临世界的“保守派变革”，其计划就是在经济学家、知识分子、工程师和政治家小团体内部酝酿出来的，他们都想推行激进的新自由主义。沃尔特·李普曼[1]1938年研讨会，1947年创办的朝圣山学社（Société du Mont-Pèlerin），这些都被认为是制定攻击凯恩斯主义（keynésianisme）成果的主要机构，它们以自由市场的所谓道德和经济优越来怀疑经济调节、国家干预、社会保障、劳动权利、集体救济制度和财富分配等。除此之外，自由主义的某些最著名的理论家，尤其是弗里德里克·A.哈耶克[2]或者弥尔顿·弗里德曼[3]，他们无疑都影响了玛格丽特·撒切尔[4]或者罗纳德·里根[5]政府。

新自由主义通常被视为保守派理论，好像它是这样一种意识形态，即它以博学或者哲学的面目出现，它主要关心的却是服务于一条反动的政治路线，这样的看法也同样扎根于

1 Walter Lippmann（1889—1974），美国政治评论家。——译者注

2 Friedrich A. Hayek（1899—1992），出生于奥地利的英国哲学家和经济学家，奥地利学派成员，自由主义鼓吹者，反对凯恩斯主义、社会主义和国家主义，被认为是20世纪最重要的政治思想家之一。——译者注

3 Milton Friedman（1912—2006），美国经济学家，自由主义的积极捍卫者，被认为是20世纪最有影响力的经济学家之一。——译者注

4 Margaret Thatcher（1979—1990在任），英国首相。——译者注

5 Ronald Reagan（1981—1989在任），美国总统。——译者注

以下事实：在整个 20 世纪，新自由主义实际上是在左派思想的各种派别的批判范围内形成的，其中包括马克思主义、共产主义、社会主义、凯恩斯主义，在更广泛意义上也包括主张建立社会措施的所有意识形态。

首先，自由主义思想坚决排斥马克思主义，它抨击共产主义制度的专制特性。它尤其断言，苏联或其他国家的极权主义和马克思主义理论有直接的联系，相反知识界左派的大部分人则不这么认为。有人认为这些制度可以被视为对马克思主义的“背叛”，被视为“偏差”或者“失误”，但并不怀疑共产主义假设的伟大和恰当，自由派人士则总是排斥这样的说法。对自由派来说，这些政权忠实执行了马克思主义的分析教条。而这些历史尝试的失败不仅签署了共产主义这一作为取代资本主义的政治制度的失败，也签署了它那种围绕某些概念（社会阶级、剥削、剩余价值、异化等）而组成的理论和世界观的失败。

这种看问题的方法并非很独特，仅仅这种方法本身并不能解释新自由主义传统之所以受到几乎一致排斥这件事。事实上人们知道，这样的说法并非自由派独有，也不是右派作者所专有，譬如说可以在非马克思主义的社会主义人士那里，或者在无政府主义传统中发现。

其实，新自由主义人士的特点是他们并不限于这些评价，从他们批判共产主义以及排斥马克思主义来看，他们实际上发展了一种更为激进的观点。他们试图从共产体制所提出的问题出发，由此建立一种分析，无需在西方民主以及赋予此民主以生命活力的趋势方面让步。对他们来说，这些专制和极权制度，所有人都会对之予以谴责，它们不应该被视为非常独特的实践，并且和我们无关，或者仅仅作为研究对象或令人愤怒的合适主题才和我们相关。这些制度远比我们想象的更接近我们。它们其实在逻辑上源自某种普通的意识形态情绪(humeur)，而且此情绪在西方社会中被广泛接受，那就是怀疑自由市场：共产主义不过是这样一种意识形态的极端变种，此意识形态在于试图控制生产，控制财富的分配，或者还在于以“道德”价值(正义、公正等)的名义扩大国家对经济的干预。

这种观点倾向于把主张进一步调节市场，更加公正地分配资源的所有措施都认为具有潜在的专制特性，可以在奥地利经济学家弗里德里克·哈耶克于1944年发表的《通往奴役之路》一书的著名篇章中找到对这种观点最清楚明白的表述。在这本奠基之作中，哈耶克的一个顽固念头就是质疑一个被人们自发接受的观点，按此观点：1920年代发生于俄罗斯的事情，和1930年代发生于德国的事情（没有对纳粹主义和共产主义作任何基本的区别，就像当时大部分自由派理论家所作的那样），这都出自极其罕见的情况，不可能再次发生。按哈耶克之见，把纳粹主义视为反常的实践，并且认为在极权主义和民主之间存在着某种不可通约性（incommensurabilité），这样就会忽视一个事实，即研究专制政权以及它们的出现，这会有益于我们理解我们自己，有益于我们分析我们自己是什么样的人。

在哈耶克看来，必须从以下明显事实出发：德国和俄罗斯的极权主义并非一下子就使人接受，也不是偶然发生的。它是一个缓慢过程导致的结果，它完全可能在我们这里重演。如果人们希望能够避免同样的悲剧，那就必须从中汲取教训。在我们如何搞政治、治理国家、建设我们的法律和我们的经济制度等方面，必须正视极权主义强迫我们重新思考的问题。

哈耶克提出的论证在于指出：极权主义的根源就是排斥自由主义。批判个人主义，欢呼集体主义伦理，意图以控制生产、分配财富的权力机构来取代自由的、分权的自由市场游戏，所有这些因素构成了国家社会主义的出发点，或者更确切地说，构成了它们的理论基础。因此，当这些教条在一个国家传播，这个国家又认同这些教条，知识分子也开始接受它们并给予它们合法地位，那么极权主义就为期不远了，而国家就会慢慢地，但稳步地，而时常是不知不觉地走上奴役之路。

实际上，哈耶克的重点，从更广泛意义上说也是所有新自由主义流派的重点，那就是通过这样的分析，去建立一个极其强大，并具有干扰力的观念：纳粹主义和凯恩斯主义，它们好像都是一家人，如果不说它们之间存在着必然的联系，那么它们也属于同一思想体系。纳粹制度，还有那些实行社会调节和福利国家（État-providence）的制度，它们隶属于同一体系，具有同样的政治—经济的不变因素。它们的共同出发点就是拒绝自由主义、个人主义、自由和分权化市场等，与此拒绝在逻辑上相连接的则是同样的意图：在生产和分配上使用强制性措施去达到预先制定的目标。所以，和人们自发想象的相反，极权主义并没有过去。极权主义者就在我们中间：他们推行计划制度，他们或者为社会安全辩护，主张由国家控制经济，他们还主张调节市场，征收更多税收等。

其实，新自由主义理论家们试图通过这样一些言论，移动政治和知识空间结构的划分。他们试图强迫人们接受新的制度，新的看问题原则和新的划分，也正因为此人们才从中认出一种具有开创性的独特理论。正如米歇尔·福柯所指出的那样，新自由主义者极力批判“社会主义”和“资本主义”之间的传统划分的合理性。按照传统划分，凯恩斯主义的调节市场政策就会被归入“资本主义”(一种调节资本主义)，然而按照新自由主义者的看法，这些都和社会主义有着同样的意图和想法。对于自由派人士来说，真正的对立并不在于“社会主义”和“资本主义”之间，而应该在“自由派”和“反自由派”之间。一边是这样一些人，他们赞同个人主义、自由和分权化市场；另外一边的人则从纳粹分子到共产主义者，其中包括社会主义的改良主义者，福利国家的支持者，他们各自以不同方式主张集体主义伦理。

新自由主义的创造

新自由主义和这类意识形态色彩极其明显，并表达出强烈的政治粗暴的分析，当人们自发地把这两者相互联系，或者更确切地说，将它们进行简化，这就解释了此传统所受到的排斥。一方面是传统认为和进步相联系的措施，如福利国家、失业保险、社会救助、分配制度；另一方面则是专制或极权主义政权，把这两者相联系的观点对于我们共同的感知背景来说不大适宜，或更确切地说，难以接受。采取这些战略立场的结果，就是促使人们赋予整个自由主义理论某种刺耳的特征。

换言之，新自由主义的主要作者，他们所申明的政治一致性使人们难以接受他们的著作，使人们难以看到他们的研究中包含的其他可能性。他们的著作没有被视为有助于知识界的争鸣，而被看作是纯粹的意识形态之作，其用意在根本上是反动的，且不说是极端主义的。

福柯的巨大勇气就在于他和这种看法决裂，在于把由知识界左派设立的象征性栅栏击得粉碎，尤其是那个反对新自由主义传统而表现为激进的左派，这就解释了福柯关于这个问题的文章不被理解，这种不理解使他的文章在今天更加沦为受害者。福柯的计划是解读此流派的主要理论家，也就是赋予此学派最激进观点的那些人物，如弗里德里克·哈耶克、弥尔顿·弗里德曼，或者盖瑞·贝克[1]。福柯想探讨这种世界观，再现其运行逻辑以及支撑它的那些不明言的假设。

当然，和那些自发作出的解读相反，福柯的这种态度并不等于转向新自由主义，因为他并未将此体系当作一种教条

1 Gary Becker（1930—2014），美国经济学家。——译者注

而认为必须接受其命令或者遵循其规划。他的想法更为微妙：在于把新自由主义当作一种试验，当作一种用来批判现实和思想的工具。问题在于倾听这一传统想告诉我们的东西，以便由此对我们自己进行分析。因为和这一被视为我们习惯思维空间中的“负面”对质，也就是以某种方式和我们的无意识对质，和我们自己思想的界限对质。这迫使我们思考什么是我们认为显而易见的，当我们在提问时，什么又是我们不知不觉加以排斥的。换句话说，福柯在此建构某种实验配置：在深入这一知识世界时，他想自己去经历，也邀请我们去经历某种改变生活环境的体验，在此体验中，可以感受到有可能换一种思维方式，并将全新的意义赋予政治哲学或批判理论的那些传统概念，诸如国家、民主、市场、自由、法律，或者还有主权。重返理论上被排斥的东西，这有可能打乱我们的习惯，激发我们去创造新的观察话语。这使福柯有机会去设想另外的观察现实的方法。几乎可以这么说，这有点像思想的卫生工作，旨在彻底质疑我们头脑中的，但我们却没有意识到的那些思想和知觉范畴。

其实，那些认为福柯的做法令人担忧的人，他们恰恰忽视了批判态度的逻辑。他们的举动在于确立一个左派必须坚守的教条式的、僵化的定义，在于先验地确定什么应该是这一传统的内容或者概念：所有离开这一标准的话语都将被自动认为是右派的，或者被认为是背叛。然而，如果要给出一个左派的定义，难道它不应该建立在永远反思自己的意志之上吗？如果要界定批判的行动，难道不应该提及这样的意愿，即永远质疑什么是批判的含义？

批判的条件

把新自由主义当作工具，由此打开一条思考我们自己的道路，这当然并不意味着把它视为一个数据，一个明确的事实，一种必须消极地接受其现实和特性的现象。对福柯来说，新自由主义并不仅仅是一种自我批判的质疑出发点。这一理论当然也应该受到质疑。正由于这个原因，必须强调《生物政治的诞生》一书的一大要点，即在于思考真正质疑新自由主义"治理术"(gouvernementalité)的条件，并因此而提问。

因为福柯的一大目的，就是把思想从那些没完没了地被用来谴责新自由主义罪恶的咒语，和以口号形式出现的话语中解放出来，因为这些东西已经被用来贬低古典自由主义，甚至贬低资本主义。在福柯看来，实际上存在着一整套"分析模式"(matrices analytiques)，它们"近十年以来，近一二百年以来，被反复使用”[1]:它们指责资本主义、自由主义，在今天则指责新自由主义，指责它们产生了一个“群众社会”，一个“消费社会”，一个“表演社会”，或者一个“原子化 (atomisation)、一体化 (uniformisation) 或大众化 (massification) 社会”。在福柯的讲课中，他取笑这些作者，他们“反复使用同一类型的批判”[2]，他们使用这种匿名的话语，或者更确切地说，他们是在借这类话语来表达自己。福柯认为，一种思想的这些“老生常谈”至少从 20 世纪初就已经开始流传，人们不知道这种思想的“关节和骨骼”。他还举了一个具有放大镜效果的讽刺例子，即由德国社会学家维尔纳 · 桑巴特 (Werner Sombart) 从 1906 年到 1934 年提出的“论点”。福柯这样归纳桑巴特的言论:“资产阶级及资本主义的经济和国家到底产生了什么？它们产生了这样一个社会，个人被迫离开他们的自然共同体，被相互集中在某种没有特色的、匿名的形式之中，即群众 (masse) 形式之中。资本主义产生了群众。结果，资本主义产生了他所谓的单向度 (unidimentionnalité)，虽然不完全是这个词，但他确确实实

1　米歇尔·福柯,《生物政治的诞生:在法兰西学院的讲课 (1978—1979)》, 同前, 136 页。

2　同上。

给出了这个词的定义。资本主义和资产阶级国家使个人之间无法进行直率的、直接的交流，迫使他们只能通过镇压的集权机器才能相互交流。所以，它们使个人处于原子状态，原子服从着某种抽象的权威，但在此权威中迷失了自己。资本主义社会也强迫个人屈服于某种群众消费，此消费具有一体化和规范化功效。最后，资产阶级和资本主义经济在事实上使个人之间仅仅通过符号和表演的游戏来相互交流。”[1]

断言资本主义导致一个功利主义和个人主义世界的出现，此世界的标志性特征就是群众、消费、一体化现象的发展，这样的断言即构成知识界左派内部共同的、占主导地位的解读模式，甚至也是右派一部分人的解读模式。这种断言几乎是强迫性出现的，人们可以看到这种情况并无改变：即使在今天，几乎所有反对新自由主义的话语都同样使用这些不满。

在福柯看来，我们必须立即摆脱这些“通常被用来讨论新自由主义问题的”[2] 分析模型。因为这些模型仅仅在表面上才是批判性的。从根本上说，它们都是一些空洞无物的宣言，没有任何实效，也没有任何实际意义。之所以如此，是因为

1　米歇尔·福柯，《生物政治的诞生：在法兰西学院的讲课（1978—1979）》，同前，117 页。

2　同上，136 页。

它们忽视了新自由主义的“独特性”。这些传统的话语把新自由主义等同于古典自由主义，把古典自由主义等同于资本主义，把资本主义等同于资产阶级的统治，如此等等，好像这一切都是同一回事。它们共同编造了一个一体化的、同质的宏大叙事体系，只是里面从来就没有新的东西。它们把“现在轧制成符合过去的形式”，并认为现在只是过去的简单“重复”。[1]它们把古老的历史模型用于现状，好像“以前发生过的，就是现在发生的事情”。结果，它们的目标必然落空：与其说它们提供了解释现实的工具，并质疑现实，不如说它们反而掩盖了现实。

福柯正是为了避免从侧面了解，他才认为必须阅读新自由主义理论家的著作，以便理解他们试图做的事情。要对新自由主义作一批判性分析，出发点应该在于把握这一现象的独特性：“我想向你们表明的，就是新自由主义依然是某种另外的东西，至于重要，还是不重要，我不知道，但肯定是有东西，而我想把握的正是它所具有的独特的东西。”[2]

可以把《生物政治的诞生》一书视为对批判的一种沉思，

---

1 米歇尔·福柯，《生物政治的诞生：在法兰西学院的讲课（1978—1979）》，同前。

2 同上。

批判是怎么回事，又意味着什么：提出针对新自由主义的反抗实践，其条件就是弄清此现象的独特性。但为什么必须从这里开始来思考我们自己呢？因为什么原因福柯走得更远，并建议把新自由主义作为更新理论的工具？这是因为在他看来，只有怀着这种态度才能设想对新自由主义提出异议，而此异议摆脱了怀旧，而且并不以被新自由主义破坏的东西来和它对立。

我们在此接触到了一个中心问题，而所有伟大的激进作者都会遇到此问题：如何解除所有批判计划的中心所必然具有的某种厚古或者反动的潜在性？如何质疑某种现存秩序，却又不至于几乎自动地赞同过去的秩序，或者不把过去的秩序视为某种人们只能为之感到惋惜的时代？更确切地说，如何才能设想一种针对新自由主义的批判性考察，此考察并不以抬高身价的方式来介绍被新自由主义破坏的东西，并不有意或无意地以自由主义之前的价值作为依据？

为了避免这样的困难，福柯建议思考由此治理术的出现而导致的历史断裂，并从“独特性”、创造性，也就是从“肯定性”（positivité）方面思考：必须指出新自由主义的新颖之处。对新自由主义史的传统写法，其框架是“损失”、“破坏”、“悲哀”，必须与这样的提问法决裂。不应该问什么是被自由主义逻辑“破坏”的东西，或者不应该去展示被此逻辑“摧毁”的东西，相反应该询问什么是此逻辑产生的东西。不应该为由新自由主义产生的东西而感到遗憾，相反应该由它是什么出发，以便询问它强迫我们重新思考什么。

福柯的用意在于提供方法，得以把新自由主义的肯定性创新观点和激进的批判观点协调起来，由此来更新理论。在此意义上，福柯的做法类似于马克思在 1875 年指责德国社会主义者和资本主义的关系时所做的事情[1]，指出这一点并非无益。实际上，马克思《哥达纲领批判》一书的一大要点，就在于指责社会民主党把资产阶级设想为一个庞大的“反动”阶级里众多因素中的一员（在其中既可以发现中产阶级人士，也可发现“封建主义者”），而“工人”必须与此阶级对抗。按马克思的看法，这样的判断是荒谬的，因为这完全没有考虑到 19 世纪末经济和社会情况的独特性。马克思认为，把握资本主义的“肯定性”，就是理解并接受资产阶级是一个真正革命的阶级：它改变了经济关系，把个人从传统的附属关系中解放出来；它使人具有形式上的“平等”权利，使人通过商业机制交换产品和服务，以这样的人际法律关系取代了封建

1　卡尔·马克思，《哥达纲领批判》，巴黎，争论出版社，2008 年。（Karl Marx, *Critique du programme de Gotha*，Paris，La Dispute，2008.）

的隶属关系。对马克思来说，不能从否定的观点来谈论资产阶级，尤其是随后还要与之斗争。如若不然，那就必然会像社会民主党那样混淆革命与反动，也就是必然把旨在恢复并重建被资产阶级破坏并超越的某一项政策说成是革命的，也就是必然会倒退。这就是马克思所谓以“前资本主义来批判资本主义”。

为了避免陷入这样的死胡同，马克思主张必须把资产阶级和资本主义视为革命的现象。必须从肯定的方面去把握它们带来的东西：它们产生了什么？它们创造了什么新权利，什么新自由，什么新解放？它们强行导致了什么闻所未闻的现实？在某种意义上，马克思在他的一些文章中所定义的共产主义，可显示为一种旨在实现资产阶级革命所许愿并肯定的若干解放理想的方法，只是资产阶级革命并未实现这些理想，它甚至通过市场重建了集体剥削和决定的制度（阶级关系），由此去阻碍这些理想的实现。共产主义革命的定义并不是反对资产阶级革命，在某种意义上，它继承了前者的遗产，并极力将前者激进化，也就是从前者的创造出发去激活、更新，也就是彻底改变前者所创造的东西。

福柯正是从同样的精神出发来探讨新自由主义，他也这样要求我们。他提出了同样的分析原则和同样的提问模式。

《认知意志》的作者也肯定：要写一部关于新自由主义现象的批判史，必须弄清由它创造的新东西，它迫使人们要考虑到哪些新的政治经济配置、新的概念和新的描述。新自由主义创建了关于国家、市场、自我或者自我身体所有权的新观点。它导致民主、社会或文化的新要求的诞生，导致关于暴力、道德、多样性的新关系。它还质疑某些传统范围内的调节和控制的合法性。接触此传统带来的新东西，这就提出了方法，以便同时，并在同一运动中，弄清新自由主义所代表的解放许愿，弄清它为什么没有履行诺言的原因。这样做的目的，就是在贯穿新自由主义，并损坏它的内在矛盾中寻找某一行为的支撑点，此行为在于改造它，但同时保留并坚持其最正当、最合理的要求。这就和这样一些话语相反：它们在此新情况的出现所包含的危险性上大做文章，以至于除了回归过去，它们最终不再能够提出可以考虑的前景。

1. 新自由主义，一个乌托邦

人们习惯于认为新自由主义是保守的，或者是反动的意识形态，而福柯却要与此习惯决裂，只有这样才能理解为什么他对新自由主义感兴趣，这种兴趣有时类似于着迷。实际上，在媒体、政治或知识界的文献中，存在着一种极其明显的倾向，那就是这样来描述新自由主义：它的一大主要特征就在于图谋使秩序永存。这种观点永远反对变化，它的根本作用就是维持现状。

当新自由主义的支持者对主张建立取代市场经济组织的乌托邦进行批判，它的保守作用就显示出来了。由于他们谴责社会主义、共产主义等，他们便关闭了设想其他社会模式的可能道路。他们虽未煽动造反，但却唆使屈从，接受现状。更有甚者，新自由主义的教条会阻碍能够动摇市场经济实际运作的一切，还会怀疑哪怕是微小措施的正当性，譬如更大范围的再分配。换言之，新自由主义坚决站在维持现状一边，它体现为反对变革的一大主要力量，并代表了统治阶级的意识形态，也就是代表了从维持现状中能够获利的那些人员的阶级。

这种把新自由主义视为保守主义的观点已经深深地印在人们的头脑之中，这种看法左右了大部分诋毁新自由主义的言论，然而它却建立在对其传统的深度无知之上。这种观点广泛地阻止人们去真正地认识新自由主义，手法是使它失去作用，把它带入已知领域，带入明显性层次，带入容易打击和谴责的方面，而不是去正视它的独特性。

事实上，自第二次世界大战末期起，尤其是自 1960 年代起，新自由主义的一个主要关切所在就是把自己和保守主义区分开来。当然，自由派和保守派在过去曾经有过联盟，有时候还持同样的观点，但这仅仅是因为它们面对共同的敌人（社会主义者，社会国家［État social］的支持者）。正如弗里德里克·哈耶克在其著名文章《为何我不是保守派》中所指出的："当几乎所有以'进步'闻名的运动都支持进一步侵吞个人自由，在这样的时代，一切爱好自由的人士当然会极力反对。在这件事情上，他们便基本上与那些通常反对变化的人士站在一起。在日常政治的各领域中，他们没有别的选择，只有支持保守党派。”[1]

但依哈耶克之见（很多其他作者也会持同样观点），自由派和保守派之间的接近也就仅限于此。这种接近纯粹是政治性的，或者更确切地说，是策略性的，是局势造成的。这种接近来源于共同对付所谓进步运动的意图。这是一种消极的联盟，它绝对不应该掩盖新自由主义和保守主义之间的深刻对立。

在观念史中，采取这样的立场是非常重要的，因为这也许可以构成新自由主义和古典自由主义之间断裂的主要因素。这一立场就是新自由主义作为一种单独的、特殊的理论的出生证，不能将此理论归结为它之前的形态。

事实上，新自由主义者不断表明这样一点，即他们的前辈曾经受到保守主义的腐蚀，他们对此事加以谴责。他们的前辈和保守主义的右翼，甚至和反动的右派过于接近，以至

1　弗里德里克・哈耶克，“为何我不是保守派”，《自由宪章》，巴黎，利泰克出版社，1994 年，401 页。（Friedrich Hayek, «Pourquoi je ne suis pas conservateur», in *La Constitution de la liberté*, Paris, Litec, 1994, p. 401.）

于和后者没有多大区别。[1] 由于他们的某些理想自 19 世纪中叶起获得巨大成功，他们为此感到满足，于是他们渐渐固步自封。结果他们开始满足于保卫现状。自由主义就这样逐渐不再是一种激进运动，它变成了一架维持现状的机器，站在秩序和当权派一边。它反对革命的理论，反对变革的渴望，它把自己当作是现实主义和“政治合理性”[2] 的担保。

当自由派人士采取了这样的立场，他们就背叛了他们自己。尤其是他们削弱了自己的立场，却打开了让他们的社会主义敌人获得胜利的大门：古典自由主义抛弃了知识上的思辨和政治上的想象力，它不再能够激发热情，不再能够提出值得为之奋斗的理想。这样一来，社会主义者就有机会表现为唯一的反叛者，唯一的、真正的不满现状者；他们提出了另外一条道路，另外一种规划，另外一种观点。正因为此，他们获得了知识界和学生中大部分人的支持：“在将近半个世

---

1 关于这个问题，可以参阅塞巴斯蒂安·卡雷的《极端自由主义思想》一书，巴黎，法国大学出版社，2009 年（Sébastien Caré, *La Pensée libertarienne*, Paris, PUF, 2009），尤其是 8-18 页；这本书材料丰富，非常有用。

2 弗里德里克·哈耶克，“知识分子和社会主义”，《哲学、政治科学及经济学论文集》，巴黎，美文出版社，2007 年，288 页。（Friedrich Hayek, «Les intellectuels et le socialisme», in *Essais de philosophie, de science politique et d'économie*, Paris, Les Belles Lettres, 2007, p. 288.）

纪中，只有社会主义者就社会演变提出了一种明确的规划，提供了一幅他们为之奋斗的未来社会的画像，还提出了一整套总体原则，由此指导对某些具体问题的思考。”[1]

新自由主义理论家们正要打破保守派自由主义和革新派社会主义，墨守成规党派和变革党派之间的这种划分和区别。和古典自由主义者不同，新自由主义者拒绝接受社会主义对于创造政治和哲学乌托邦的垄断，他们想让自己的理论成为一种激进的革命理论。在此意义上，罗伯特·诺奇克[2]于 1974 年出版了一本书，取名“无政府、国家和乌托邦”（*Anarchie, État et utopie*），这并非偶然，这是代表新自由主义最极端观点的一本主要著作，该书即要重新给予自由主义以其原有的破坏威力。同样，哈耶克早在 1949 年就提出有必要确立他所谓的“自由主义乌托邦”，他指的是“一种规划，它并非仅仅在于保卫现状，也不是某种弱化的社会主义，而是一种真正的自由派激进主义，此激进主义并不照顾强有力人物（包括工会）的敏感性，实践上并不过于生硬，而且并不局限于今

1　弗里德里克 · 哈耶克，“知识分子和社会主义”，同前，286 页 。

2　Robert Nozick（1938—2002），美国哲学家。——译者注

天在政治上看来可行的东西。”[1]

理解新自由主义，这不是去理解具有物质性和客观性的某种经济和社会现实，而是去把握一种计划，一种从未结束，并且永远需要重新激发的志向。这也应该是把握某种属于“向往”的东西。福柯走得更远，他把自由主义定义为一种伦理，一种“总体的、多形的、暧昧的要求，既可附在右派之上，也可附在左派之上”[2]。它不是某种已经构成的东西，其作用也不像人们可将某一明确规划或者某一确定计划加于其上的某个政治选项。它构成了某种更为模糊的东西：这是一种气质，一个“乌托邦之家”，一种“思想、分析和想象的总体风格”[3]。

---

1 弗里德里克·哈耶克，“知识分子和社会主义”，同前，292 页。

2 米歇尔·福柯，《生物政治的诞生》，同前，224 页。

3 同上，225 页。

2. 市场无处不在

什么是新自由主义乌托邦的性质？其作者试图进行什么样的变革行动？他们在传播什么样的社会观点？首先，这是相当容易表述的：新自由主义计划的要点即在于建立一个真正商品化的社会。对其理论家来说，目标是明确的：必须建立一个由竞争占主导地位的新社会。社会的唯一有效组织形式就是市场。契约和个人之间的交换应该受到推崇，以此反对任何其他形式的人际关系，反对资源分配的替代模式。

这一商品乌托邦，并把市场推广到一切地方的雄心，这就是使人们难以想到在古典自由主义（斯密、李嘉图、塞伊）和新自由主义之间存在连续性和渊源关系的一大原因。其实就这一点来说，在这两种传统之间存在着断裂和中断：其中每一传统在市场、市场在社会上的地位，尤其是经济理性和国家之间的关系等问题上都传播着不同的观点。[1]

1 参阅温蒂·布朗，《世界政治的新衣》，巴黎，普通草原出版社，2007 年。（Wendy Brown, *Les Habits neufs de la politique mondiale*, Paris, Les Prairies ordinaires, 2007.）

18 世纪的古典自由主义，亚当 · 斯密即为其一大主要代表，它实际上是围绕“自由放任”(laisser-faire) 这一口号展开的。问题在于限制国家的干预，给国家规定一些限制，以便开拓出一片“自由”空间，让商品机制在没有外在约束的情况下发挥作用。在自由主义治理术当中，人们一方面可以看到市场和经济理性，另一方面则可以看到国家和政治理性，而所有的关键在于对国家说:“从这个界限开始，当涉及这个问题，从这一领域的边界开始，这里你不再干预。”[1]

新自由主义则完全不同，它的计划更为激进。福柯依据两个传统来把握其特征：这些传统分别是战后德国的秩序自由主义，它以《秩序》(*Ordo*) 杂志 (瓦尔特 · 欧根[2]、法兰兹 · 伯姆[3]等) 为中心，还有芝加哥学派的经济学家们，如路德维希 · 冯 · 米塞斯[4]、弗里德里克 · 哈耶克、盖瑞 · 贝克等。按福柯之见，这一派的观点完全不想给市场开辟一个专有的特殊空间，它还和其他理性共存，尤其是和国家理性。相反

1　米歇尔 · 福柯，《生物政治的诞生》，同前，224 页。

2　Walter Eucken（1891—1950），德国经济学家，秩序自由主义之父。——译者注

3　Franz Böhm（1895—1977），德国法学家，经济学家，政治家，秩序自由主义的主要代表人物之一。——译者注

4　Ludwig von Mises（1881—1973），美国经济学家，历史学家，哲学家。——译者注

这一派的问题在于让市场扩散到所有地方（diffuser le marché partout）。竞争机制不应该局限于某些领域，它们应该扩大到整个社会；它们应该在尽可能多的社会领域内发挥尽可能广泛的调节作用。新自由主义的乌托邦，就是让尽可能多的现实进入商品范围之内。

把市场规律上升为法规，并使社会生活的各个方面都隶属于它，这一雄心解释了为什么新自由主义并不认同古典自由主义的"自由放任"。因为，为了实现新自由主义的乌托邦，它意味着确立一种真正的政治和法律干预主义，而且福柯强调：这种干预主义的"密度、频率、活动性、持续性都并不弱于其他制度"[1]。

不过此干预主义却有这样一个特点，即它的目标完全不在于"调节"市场，不在于把某种社会或政治理性和经济理性相对立，不在于以伦理道德或社会公正的要求去阻止竞争的正常运行。相反，它的目的是服务于形式-市场（forme-marché），使之发展起来并获得全面确立。新自由主义试图通过一项真正的"竞争政策"，此政策旨在全面普及形式-市场，

1　米歇尔·福柯，《生物政治的诞生》，同前，150-151 页。

由此来改造社会："新自由主义的政府需要在深度和广度上对社会进行干预。实际上，它需要干预社会，以便让竞争机制在每时每刻，而且在社会深度的每一个点上都能够发挥调节作用，也正是在这一点上，它的干预将实现它的目的，也就是确立市场对社会的全面调节。"[1]

这一行动当然涉及整个社会的所有领域，而首当其冲的就是国家。古典自由主义在经济和政治之间维持着一条界线，由此也就允许商品理性和政治理性（只要它们各就其位）可以以某种方式和平共处。相反，新自由主义却要把政治理性，包括社会的所有其他方面，都隶属于经济理性。国家于是处于市场的监视之下；国家不仅必须为了市场而治理，而且还必须按照商品逻辑的要求："对于新自由主义来说，问题完全不在于知道，如18世纪亚当·斯密那种自由主义所主张的那样，在任何给定的政治社会中如何划分并安排出一块自由空间，也就是市场的空间。相反，新自由主义的问题在于知道，如何根据市场经济的原则来调节政治权力的总体运行。问题不在于腾出一张空位子，而在于把商品经济的形式原则联系、

1　米歇尔·福柯，《生物政治的诞生》，同前，150-151页。

归结、投射到某个总体治理原则之上。”[1] 按福柯之见，这种制度绝对是独特的，因为在这里，国家及其行为的合法性并不来自某个自主的独特原则。恰恰是经济奠定了政治的基础，并决定了公共介入的形式和性质。

1 米歇尔·福柯，《生物政治的诞生》，同前，150-151 页。

3. 对市场的“科学”论证

新自由主义潮流所引起的敌视，其中一大原因，从多方面来说，即在于对形式-市场的赞同，在于传播、确立并在所有方面实行这一形式-市场，总之，在于这样一个有些疯狂的想法，即设想一个由竞争逻辑和商品理性占统治地位的社会。通常而言，只要提及这一点，就会立即引起某种恐惧和愤怒的回应。

实际上存在着某种对“市场”的敌视，而且这种敌视广泛存在。在集体无意识中，尤其是在知识界左派方面，“市场”是一个遭人贬低的词汇。以至于在辩论的时候，为了使某个观点、某项诉求、某项改革等名声扫地或丧失信誉，人们广泛使用的一大攻击手段就在于断言它们隶属于“市场逻辑”，也就是隶属于自由主义逻辑，而不用很好地理解为什么“市场逻辑”代表了一种如此消极的现实。

思考新自由主义的肯定性就必须摆脱这样的反应。必须更加细致地思考新自由主义知识分子之所以如此热衷于形式-市场的原因：他们为什么把这一特殊的组织模式变成唯一可能的模式，更确切地说，甚至变成唯一有价值的模式？在他们眼里，为什么市场如此珍贵，如此不可替代，以致他们把市场视为必须扩大到整个社会，扩大到尽可能多领域的一个配置？

当然，只要断言说市场是经济剥削的工具，而新自由主义者就是此工具的支持者，这样就不难摆脱这样的问题。由此观点来看，新自由主义理论不过就是统治阶级的意识形态而已，它保护市场，目的是为了保护，甚至扩大那些在维护现行体制中有利可图人士的既得利益。

这种说法在我看来并不太令人感兴趣。首先，因为它过于粗暴地把新自由主义理论下降为经济和社会的考量。这样的话，对于一种伟大的知识传统，此传统在社会学、经济学、哲学等领域的争鸣中作出了贡献，这是不能忘记的，上述观点却提出了一种简单化的，也是平庸的解释。当人们从阶级的经济小理论角度来描述新自由主义，它的整个知识层面就消失了。

但尤其是在把市场说成是统治阶级的意识形态的时候，这就是从新自由主义理论家们自认反对的某种理论体系来解读他们，就是从某个外部观点来观察他们，就是把他们试图破坏的范畴用在他们身上。当然，这样一种态度并非先天就不合理，但它却无法让人理解此范式的独特性，此范式提出的新的提问类型，以及提出这些类型的新方式。福柯的雄心大概就是置身于这些作者的位置上，由此来把握他们的世界观。

福柯当然会提及新自由主义者最常用，也最有名的方法，即如何论证市场，如何论证竞争机制应该位于社会运行中心这个观念，这样做是必须的。他们的主要论证常常具有技术的性质，不同学派都表述了此论证，其中有奥地利学派，从卡尔·门格尔[1]，路德维希·冯·米塞斯到弗里德里克·哈耶克，还有边际效用学派的瓦尔拉斯[2]、杰文思[3]、马歇尔[4]等。论证建立在经济考量之上，由此断言：这种独特的资源分配模式极其有效。而组织生产和分配财富的任何其他模式，从短期或中期来看，都没有这么多的产出：共产主义、干预主义、计划经济、垄断，所有这些制度的共同点就是阻碍了商品机

1 Carl Menger（1840—1920），奥地利经济学派的创始人。——译者注

2 Léon Walras（1834—1910），法国经济学家，边际效用理论的创始人。——译者注

3 William Stanley Jevons（1835—1882），英国著名经济学家和逻辑学家。——译者注

4 Alfred Marshall（1842—1924），英国经济学家。——译者注

制的分权化作用，阻碍了价格按供需变化的自由调整，它们必然导致“损失殆尽”，导致“集体财产的损失”，而相对于获得竞争平衡所能允许的情况，它们还导致私人或者社会福利，或者私人和社会福利的下降（除了若干局部的例外）。所以，市场在此表现为众多调节技术中的一种，但它的特点是最为有效。卡特琳·奥达尔[1]这样概括哈耶克的著作：“哈耶克无疑是这样一位现代思想家，他最理解：共产主义无法与资本主义竞争，并非因为它在道德上低劣，而是因为它没有效率，原因是它不懂经济过程的性质。最有资格把握经济过程的并非制订计划的人，而是企业家，因为企业家能够“从内部”了解经济过程，并不断通过市场和价格体系接受必要的信息。”[2]

显然，不难理解为什么新自由主义者把这一论据放在首位：这使他们能够给他们的政策提供科学的权威性。关于市场的讨论好像是一个纯粹技术性的争论，问题仅仅是客观地

---

1 Catherine Audard，法国教师，自 1991 年起在伦敦经济学院教授哲学。——译者注

2 卡特琳·奥达尔，《何为自由主义？》，巴黎，加利玛出版社，2009 年，374-375 页。（Catherine Audard，*Quèst-ce que le libéralisme?*，Paris，Gallimard，2009，p. 374-375.）也可参阅罗歇·盖斯纳里，《市场经济》，巴黎，勒波密尔出版社，2006 年。（*Roger Guesnerie*，*L'Économie de marché*，Paris，Le Pommier，2006.）

评价各种可能的经济体系的相关有效性。这样的话，新自由主义并不是一种意识形态，这和它的外表，或者和人们通常谈论它的那些话语相反。它是建立在科学依据之上的，它只服从数学推理的严密逻辑。

所以，从多方面说，这种把新自由主义话语建立在某种科学逻辑或科学论据之上的做法，站在此学派理论家的角度来看，这类似于某种策略手段。问题在于产生威吓的效果：此理论站在科学一边，而其他可替代的理论必须接受数字的明显事实。也许还在于去掉对市场的思考中所包含的悲剧性因素，摆脱这种思考引起的幻想，好像问题仅仅是冷静地比较资源分配上不同机制的相关优势，以便新自由主义的文章所引发的强烈反应不会发生。

在《生物政治的诞生》一书中，福柯并未给予新自由主义思维的这个方面以很大的地位，他更关注形式-市场的思考如何与一系列政治、伦理、哲学等方面的焦点问题产生共鸣。不过必须说明，这里并非把“技术”或者“经济”考虑与“理论”关注相对立。其实，新自由主义的一大特点就是让所有这些方面不可分割，错综复杂地相互联系：这些作者经常是在提出技术问题的时候，他们才会遇到政治、社会、伦理等问题。好像存在着某种经济思考的生产逻辑，它会使那些运用此思考的人离开经济。结果，新自由主义在社会理论或政治哲学方面所涉及的，它在经济或“科学”方面所涉及的，它们全都包含在同一体系、同一配置之中。我们面对同一现实的两个面孔。像弗里德里克·哈耶克这样的作者，他们也许在保卫新自由主义作为最有效率的社会技术这一点上走得最远，如果在他们的著作中可以发现新自由主义思想中最深入，也最激进的理论进展，这实在并非偶然（对经济学家盖瑞·贝克也可做相似的评论）。

4. 多元性

对新自由主义哲学的传统表述建立在这样一个观念之上：这是一种把自由价值置于其中心的理论，私有制和自然权利的价值也和自由价值相联系。此学派的关注即在于捍卫每个人对他的身体及其所有权的主权。当然，这种捍卫可以采取不同的形式，带有或多或少的激进性，或多或少的严密性。但所有这些说法都包含在一个共同的观念配置之中，此配置首先确立了这样一个原则，即每个人能够完全、彻底合法地按照他的意愿使用他所拥有的东西，同时认为趋于限制这种使用的所有行为都是不合法的、不合理的。先是自由主义，随后是新自由主义，它们于是把自由构成为特受重视的工具，用来激烈地批判它们认为趋于侵犯个人所有权的机构，而这些机构中首先就有国家，因为国家的经济和社会干预主义必然会导致强制性机制的增多（税收、调节等）。所以，捍卫市场包含在捍卫自由这样一个更为广阔的范围之中：而且新自由主义者始终把经济自由说成是和其他自由同样重要的政治自由，这一点是不容置疑的。[1]

可以引证一个事实来支持这样的表述：此传统的大部分著作，其书名就已经表明它们都是关于自由概念的思考，如约翰·斯图尔特·密尔[2]的《论自由》，以赛亚·伯林[3]的主要文章汇编《自由》，哈耶克的《自由宪章》，还有穆瑞·罗斯巴特[4]这位极端自由主义和无政府资本主义（doctrine libertarienne et anarcho-capitaliste）理论家的《自由伦理》。

福柯的做法在于质疑这样的表述，在于相对地看待新自由主义思想中的自由概念，包括"自然权利"概念所占据的地位。他对此传统提出了另外一种看法，他实际上主张：新自由主义方法的中心概念并非自由，而是多元性（pluralité）概念。自由的价值当然发挥着重要作用，但相对于多元性概念，自由的作用常常是从属的、次要的，自由价值的功能常

1 参阅例如米尔顿·弗里德曼，"经济自由和政治自由"，《资本主义和自由》，巴黎，罗贝尔·拉丰出版社，1971 年，21-37 页。（Milton Friedman, «Liberté économique et liberté politique», in *Capitalisme et liberté*, Paris, Robert Laffont, 1971, p. 21-37.）

2 John Stuart Mill（1806—1873），英国著名哲学家和经济学家。——译者注

3 Isaiah Berlin（1909—1997），犹太裔英国哲学家及观念史学家。——译者注

4 Murray Rothbard（1926—1995），美国经济学家，他对现代极端自由主义和无政府资本主义理论的发展有极大贡献。——译者注

常是为多元性概念服务的。换句话说，应该把新自由主义看作是一种对众多性（multiplicité）的思考，一种关于这样一个社会的思考，此社会把多元性主题置于其中心。这种范式（paradigme）的特点，就是迫使我们自问：生活在一个由试验着不同生存模式的个人和团体组成的社会里，这蕴含着什么？意味着什么？

正应该在此范围内来理解形式-市场所占有的地位。按新自由主义者之见，现代社会的主要特征就是活动领域的基本多样性，以及生存形式的多元性，而形式-市场实际上就是适合于这一主要特征的唯一模式。更确切地说，一旦站在多样性、多元性、社会革新一边，那就不得不赞成商品逻辑的发展，反对所有其他的组织模式，其中首先有国家逻辑。

比如说，弗里德里克·哈耶克就持这种观点。他认为，现代社会的主要特征就是：这是一个异质社会（société hétérogène）。工业化引发了一场庞大的劳动分工运动，工业化则导致活动领域的增加，现代世界比古代世界更加分化（différencié）。这种情况导致的结果就是，对经济进行中央集权式的治理变得不可能了："在某种相当单一的情况下，控制和计划经济并不困难，可以让一个人或者一个理事会掌控所有的事情。但如果有待于考虑的因素如此众多，以至于无法概要地注意到它们，那么，仅仅在这种时候，分权就势在必行。”[1] 国家和政府试图以全体利益、公共财富、社会福利的名义取代市场，但这些价值在一个多样性世界中能有什么意义？如何设想一个所有个人都能够在其中认出自己的“集体”计划？如何宣称掌握了完整的、普遍有效的道德规范，或者如何迈向一个所有人都希望前往的方向？“不同的个人之间争夺现有的资源，他们给予每一种资源的重要性是独特的，没有人能够把握不同个人的无限多样性需求。”[2] 正因为根本不可能创造一种“总体的”知识，建构一种对社会的一体化观点，所以唯一可以考虑的态度就是拒绝所有的集权化控制，并宣传商品逻辑，此逻辑会让个人自由行动，而不是领导他们。哈耶克的结论是，新自由主义哲学的出发点就是“一个无可争辩的事实：我们想象力的局限使我们无法把整个社会的多种需求纳入我们的价值表之内，因为从更严格的意义上说，价值表仅仅存在于个人的头脑之中，各种价值表只能是局部

1　弗雷德里克·哈耶克，《通往奴役之路》，巴黎，法国大学出版社，1985 年，42 页。(Friedrich Hayek, *La Route de la servitude*, Paris, PUF, 1985, p. 42.)

2　同上，49 页。

的，它们必然是多样性的，并常常是不相容的”。正因为此，才必须“在确定的局限之内让个人自由地按照他自己的价值，而不是他人的价值行事，个人的目的应该是至高无上的，必须摆脱他人的专制”[1]。

1　弗雷德里克·哈耶克，《通往奴役之路》，同前，49 页。

5. 社会，共同体，统一体

新自由主义要人们接受这样一个观点，即对社会的思考必须把“多样性”和“众多性”概念置于首要地位，并以发明能够保护差异并使差异增多的配置为目标，它想这样来追求它的一个很确切的理论目标。它试图和极力建构人类社会“一元”(moniste) 观的所有学术流派决裂，并代表了这种决裂。在此意义上，新自由主义的主要敌人并非如人们通常所认为的那样，是社会主义或者马克思主义，或者更广泛意义上的统制经济和集体主义规划。当然，这些理论经常成为最激烈攻击的目标。但这一针对反资本主义潮流的持续论战却阻碍了对新自由主义思想的理解。

因为新自由主义不断加以反对的，它在自我形成过程中最有力、最顽强地加以反对的，实际上是一种更加宽泛的哲学态度，可在不同的学派、国家和历史时期当中看到此态度，而按其信奉者的看法，此态度真正诞生在启蒙时代的思想中：此态度在于宣传社会统一化，或一体化的观点，凡是和“共同的”、“集体的”、“一般的”相关的，都受到推崇，凡是隶属于个体的、独特的、局部的现象，则一律受到贬斥。

对新自由主义者来说，传统政治哲学中激荡着某种专制的、保守的冲动。传统政治哲学难以摆脱的念头就是多元性和多样性，于是它系统地建构了某种政治和法律的主权理论。好像为了让社会成为“可能”，为了构成一个名副其实的“政治机体”，那就总是需要发明某些配置去调节并制约社会多元性，以便限制生存模式的众多性，由此来产生秩序、统一体和集体。按照他们的看法，社会理论总是集权化的，它难以想象一个真正多元性的社会。

很奇怪，契约论哲学家们，从卢梭到罗尔斯[1]，中间还有康德，正是他们最出色地表达了这种立场。这些作者好像都强迫人们接受一种提出社会秩序“问题”的独特方式，或者更确切地说，一种把社会秩序构成为“问题”的独特方式：首先确定不同个人的存在，他们的生活是分开的，他们的利益也可能是相互矛盾的。然后由此推论，一个困境立刻产生了：如何使社会合作成为可能？如何建立某种类似于“社会”，并具有某种协调性的东西？“社会契约”就是给予这种机构的

1　John Rawls（1921—2002），美国政治哲学家，伦理学家。——译者注

一个名称，此机构被认为能够统一社会，并产生“一般”，即某个被所有人承认，而且不能归结为“个体”利益的领域。

在此意义上，必须强调一个事实，那就是新自由主义理论家们重新解释了契约论和启蒙时代的哲学。实际上，契约论和启蒙时代的传统时常和反对民族、种族或文化独特论的斗争相联系。此传统肯定普世主义的优越性，反对以个人自主、个人自由、形式公平等价值为名而进行局部的归属操控。然而实际上，新自由主义者在启蒙思想中看到了另外一种建构共同体的方式，也就是使个人从自然团体中脱离出来，以便使他们更好地服从一种新的集体类型，那就是政治共同体。

为了揭示这一点，新自由主义者解构了此范式的中心概念，即自主概念：对于启蒙时代来说，尤其是在卢梭和康德那里，身为自主意味着什么？这并不意味着独立，或者不受束缚（按照以赛亚·柏林对自由派的“自由”一词所下的定义，自由仅仅是不受干扰，或者叫消极自由[1]）。身为自主，就是不愿意服从其自然的冲动、激情和取向。自主就是“成功脱离那些……我本人不能为之负责的力量”。在此范围内，“自

1 消极自由：免于他人干涉的自由；积极自由：去做什么的自由。——译者注

由”被设想为这样一种行为，它在于“对我自己下达我服从的命令，因为我可以如我所愿地自由行动”。[1]换言之，启蒙时代的主体并不喜欢为了选择而选择，不喜欢作为选择的选择:他总是在寻找好的选择。仅仅当他把自己的“真正”法律，自己的“真正意志”当作法律的时候(这就是“积极自由”的观点)，[2]他才是自由的。然而，正是政治共同体在此被视为建立这种高级法律的机构，而所有理性人都被认为愿意并认同这种高级法律。如以赛亚·柏林所写到的那样，“个人的自决现在成了集体的自我实现，而国家则成了被统一的众意志寻求道德真理的共同体”[3]。所以，在启蒙时代的思想和共同体概念之间存在着根源上的一致性，因为通过自主这个概念，自由被设想为服从国家的意志。

卢梭在《社会契约论》中所作的分析是很有名的。他设

1 以赛亚·柏林，《自由论》，巴黎，菲林出版社，2006 年，114 页。(Isaiah Berlin, *En toutes libertés*, Paris, Le Félin, 2006, p. 114.) 关于“消极自由”和“积极自由”的对立，参见同一作者，《自由》，牛津大学出版社，2002 年。(*Liberty*, Oxford, Oxford University Press, 2002.) 也可参考昆廷·斯金纳(Quentin Skinner)的著作，尤其是《自由主义之前的自由》，门槛出版社，2000 年。(*La Liberté avant le libéralisme*, Paris, Seuil, 2000.)

2 同上，60 页。

3 同上，125 页。

想了这样一种状态，人在其中面对着有害于其生存的阻碍：原始状态，自然状态，由于个人在其中各自演变，相互分离，这种状态难以为继。它使人类以及个人的生存受到威胁。人们正由于这个原因才不得不联合起来。所以必须组成民族，按照卢梭的说法，这就必须离开个人之间相互分离的状态，以便产生“共同体”。社会契约的所有焦点即在于“指出”：构成这样一个政治共同体的条件就是一个压制“分歧”的行为。在严格意义上，社会契约并非一个契约：这是卢梭给予这样一个时刻的名称，个人在此时刻放弃把他们定义为个体和部分的那些因素，也就是放弃那些把他们分开，并使他们相互区别的因素，由此把自己构成为“道德的”、“共同体的”个人，这样的个人把“公共”意志当作自己的意志。所以，当一个框架以共同体的法律取代个体的法律，只有在这个时候，社会机体才是可能的，甚至才是可以设想的。一个民族的出现意味着这样一个开创性行为，“公共”利益和“公共”意志前来摧毁个人利益的游戏[1]：“如果撇开社会契约中非本质的方面，那么它就可简化为如下说法：我们每个人都将其个

1 参见路易·阿尔都塞，《政治和历史》，巴黎，门槛出版社，2006 年。（Louis Althusser, *Politique et histoire*, Paris, Seuil, 2006.）

人以及所有力量共同置于公共意志的最高领导之下；我们在共同体中把每个成员接纳为整体的不可分割的一部分。这种结合行为立刻产生了一个道德的、集体的机体，由此取代每一个签约者个体，组成共同体的人数就等同于大会所拥有的票数，此共同体还由此获得其统一性、其共同的大我，它的生命及其意志。这个由所有人的结合而形成的公共人格，以前叫城邦，现在则叫共和国或者政治团体；此政治团体在被动意义上，其成员称之为国家，而当它在主动意义上，则称之为主权者，而当人们把它与其同类相比较，则称之为最高权力。至于参与人，他们的集体名称叫作人民；个别地作为主权参与者，他们叫作公民；而作为国家法律的服从者，他们叫作臣民。”[1] 在这段引文中，可以清楚地看到，统一体、团体、公共性这个主题与多样性和个体性相对立，看到此主题如何纠缠着卢梭的思路，纠缠着他关于政治-社会秩序的观点，以及什么东西能够使一个社会名副其实。

这一观点把社会设想为这样一个机体，其形成意味着“至

1 让-雅克·卢梭，《社会契约论》，巴黎，弗拉马里翁出版社，1992 年，39-40 页。(Jean-Jacques Rousseau, *Du contrat social*, Paris, Flammarion, 1992, p. 39-40.) 亦可参考恩斯特·卡西尔，《让-雅克·卢梭的问题》，巴黎，阿歇特文学出版社，2006 年。(Ernst Cassirer, *Le Problème Jean-Jacques Rousseau*, Paris, Hachette Littératures, 2006.)

少有一次意见一致”，也就是赞同和共识，这种意见一致表现为超个人的实体，旨在统一个人的思想，康德也以相似的用语表达了这样的观点。在《道德形而上学》一书中，康德实际上提出了一个观点：一个民族的构成意味着建立一个旨在“联合”“大批”人的“宪法”。公共事务再次被设想为一个统一化机构，旨在确立“人们共同利益”的统治地位，反对他们的个别性，康德这样写道：“国家就是把大批的人统一在法律之下。”[1] 他在另一处又特别明确地写道：“人们为了造就一个法制国家而需要普遍推广的法律总体就是公法。这就是供一个民族，也就是供一大批人或者众多民族使用的法律体系，由于他们之间有着相互影响的关系，所以他们需要一个法律状态，此状态服从把他们统一起来的意志，也就是他们需要一部宪法，以便能够把应该属于他们的东西分给他们。个人在人民之中，他们身处其中的这种相互关系状态叫作法律身份；而他们的整体，就它和其成员的关系来说，叫作国家。

1　伊曼努尔·康德，《道德形而上学》，见《哲学著作》，卷三，加利玛出版社，“七星文库”丛书，1986 年，577-578 页。（Emmanuel Kant, *Métaphysique des moeurs*, in *Œuvres philosophiques*, t. 3, Paris, Gallimard, coll. «Bibliothèque de la Pléiade», 1986, p. 577-578.）

关于国家，由于它的形式，或者说由于它以公共利益为联系，即所有个人都处于法律状态，国家就叫作公共事务。”[1] 政治就是旨在“安排”“众多理性人”[2] 的行为。

在介绍了政治作为安排这个概念，并指出了它的谱系之后，还可以再提到一点，即此学派的最后代表之一是约翰·罗尔斯[3]。这样就可以强调一点：由罗尔斯或者阿马蒂亚·森[4] 所提出的“社会-自由”传统并不那么激进，也不那么有意义，它和新自由主义理论又是多么敌对。因为对这两位作者来说，问题总在于思考如何把自由原则和社会凝聚，以及和维护政治共同体的权威调和起来。换句话说，罗尔斯和阿马蒂亚·森的观点可以被视为国家-自由主义，因为它建立在如下观念之上：一旦自由价值有可能损害国家的统一体这一绝对需要，

---

1 伊曼努尔·康德，《道德形而上学》，见《哲学著作》，卷三，加利玛出版社，“七星文库”丛书，1986 年，575 页。

2 参见汉娜·阿伦特，《审判，关于康德的政治哲学》，巴黎，门槛出版社，1991 年，36 页。(Hannah Arendt，*Juger. Sur la philosophie politique de Kant*，Paris，Seuil，1991，p. 36.)

3 当然我们还可以提到尤尔根·哈贝马斯，譬如说，他在《法律和民主》(*Droit et démocratie*；巴黎，加利玛出版社，1997 年) 一书中即把法律视为在一个分化的世界中进行整合、凝聚，并从程序上建构“相互关系”的一个机构。

4 Amartya Sen（1933— ），印度经济学家，1998 年获诺贝尔经济学奖。——译者注

那就必须停止实行自由价值。然而对于新自由主义者来说，恰恰是当这些价值使人质疑社会、统一体、政治（或国家）共同体等概念，使人质疑这些概念得以确立的基本观点，它们仅仅在这个时候才是有意义的。

在《正义论》一书的作者那里，可以看到一种做法，一种提问法，与卢梭和康德的相类似。当然，罗尔斯肯定多元主义就是自由派分析的出发点。但仅仅是出发点而已，并非是终点。换言之，这正是所有正义和公正理论都必须随后包括的内容，即尽管有此多元主义，它们仍要寻找某种配置，能够统一并使社会有秩序，罗尔斯称此为“找到一个基础结构”或者一个“最低限度的共识”。所以，社会和政治秩序的问题在此仍然在于如何“聚合”深度分离的个人，在于找到一个“共识”的基础，而不管利益和信仰的多样性：“政治自由主义的思考，就是当自由和平等的公民相互之间深度分离，一个稳定和公正的社会如何可能。”[1] 所以罗尔斯随后就谈到秩序和统一体，而这正是这类分析模式和这个认识体系的特点。他实际上想确定：“一个由正义和公正理论而安排得秩序井然

1　约翰·罗尔斯，《政治自由主义》，巴黎，法国大学出版社，“古战车”丛书，1995 年，171 页。(John Rawls, *Libéralisme politique*, Paris, PUF, coll. «Quadrige», 1995, p.171.)

的民主社会，鉴于它具有理性多元主义特征，它如何能够建立并维持其统一体和稳定性。在这样的社会里，仅仅一个可理解的、合理的理论不能够确保社会统一的基础，也不能给基本政治问题提供公共理性的内容。有鉴于此，如果我们要理解一个很有秩序的社会是如何被统一的，那么我们就要引进政治自由主义的另外一个基本观念，也就是通过重组可理解的、合理的理论来达到共识的观念，以此来配合公正这个政治观念。”[1]

---

1 约翰·罗尔斯，《政治自由主义》，巴黎，法国大学出版社，“古战车”丛书，1995 年，171 页。威尔·金里卡支持多元文化时代的新公民权观念，由此为设立少数人的特殊权利开辟了道路，但他却不断地强调，这样的配置并不会威胁“国家的统一”，注意到这一点是令人惊讶的。由于金里卡把他的计划纳入契约和权利哲学，他不得不把他的研究视为对于“统一化联系”，对于“政治共同体权威”，对于隶属于某种“共同文化”归属感的思考（这些都是他的用语）。对他来说，正是他提出的重新定义公民权才能更新其“合并”功能。参见威尔·金里卡，《多元文化的公民权，少数人权利的自由派理论》，巴黎，发现出版社，2001 年。（Will Kymlicka，*La Citoyenneté multiculturelle. Une théorie libérale du droit des minorités*，Paris，La Découverte，2001.）

6. 拆解社会

当然，人们可以不接受这样的谱系，说卢梭、康德、罗尔斯或者哈贝马斯的分析大不相同，说他们关于国家、主权、人民的概念并不是重叠的，如果把这些作者归属于同一思想体系，这样会过于简单化，或者这样会在某种程度上无视他们著作的背景。

但对于新自由主义者来说，对内容的这些分别并无太大重要性，也是不合适的。对他们来说，关键不在这里，而在于置身于一种更高的层次，在于询问什么可被指定为认识纲领，即把政治概念化并就社会概念提出问题的方法。自卢梭和康德之后，他们试图思考的是一种态度，一种提问方式。对他们来说，启蒙哲学的首要特征就是难以摆脱对于多元性和多样性的思考。众多性和个体性被认为是这样的对象，即必须针对它们来设想旨在产生统一体和一致性，也就是产生共同性的机制、配置或者机构。构成“人民”、“主权”或者政治体，这被系统地解释为必须要压制“个人”，手段是制造一个臣民必须服从的“公共”范围。

契约论的理论家们好像在现代思想中安置了对统一体和秩序的一个顽念（obsession）。总是试图给世界“一致性”，这就是现代政治和社会理论的一大根本想法，可以在一系列性质不同的意识形态和专家政治等话语中看到这一点。证据就是这类思想造成了以下影响：众多学派一方面在反对启蒙哲学中形成，同时却又承认此哲学的恰当性，并根据自己的说法重新发挥。比如，圣-西门的社会主义传统和涂尔干的社会学传统。这些作者显然和卢梭或者康德很少有什么共同点；他们也不以同样的方法来思考臣民、法律、政治等问题。但他们所构思的“社会”概念也是建立在统一化观点之上的。他们的构思处于寻找整合、一致性和共识的影响之下：集体必须反对瓦解社会联系的因素，诸如个人主义、社会运动和个人利益的竞争，由此来肯定其调节性的支配。[1] 此外，阅读涂尔干评论霍布斯或卢梭的文字特别有意义。可以令人惊讶地看到《自杀论》的作者在其书中接受了由哲学家们提出的提问法和分析框架，并把它们视为自己的东西：如何针对个

1 关于契约论哲学和涂尔干理论的亲和关系，参见迪迪埃·埃里邦，《一场保守派的革命及其对法国左派的影响》，巴黎，莱奥·希尔出版社，2007 年。（Didier Eribon, *D'une révolution conservatrice et de ses effets sur la gauche française*, Paris, Léo Scheer, 2007.）

人主义以及反社会的激情来设想团结一致，以及非个人的共同目标？仅仅是结论不同而已，因为对于涂尔干这位社会学家而言，作为共同体的社会并非来自某一人为的政治行为：这是一个自然的现实，自发产生的(sui generis)，来自人与人结合的现象。[1]

新自由主义的知识分子们试图质疑这种分析模式，目的在于就建立某种类似于“共同体”秩序这一顽念进行提问。认为思考社会或政治必须要思考建立一个超越个人的实体，并由此意味着必须相对于多样性和个人利益而使某个超越范围得以存在，他们完全没有这样一个观点，这样的观点在他们看来甚至是危险的。在此意义上，认为这些作者实际上在解构，甚至在摧毁“社会”的概念，即社会作为超越人们差异而凝聚他们的机构，这样说并不为过。（当然，可以恰当地强调指出：这里的所有关键就在于指出“公共”和“普遍”都是没有意义的空洞概念。这里的问题无论如何都不在于把

---

1 参阅例如爱弥尔·涂尔干，《教师资格考试期间的霍布斯》，巴黎，EHESS 出版社，2011 年(Émile Durkheim, *Hobbes à l'agrégation*, Paris, éditions de l' EHESS, 2011.)；同一作者，《卢梭的社会契约论》，Kimé 出版社，2008 年。(*Le Contrat social de Rousseau*, Paris, Kimé, 2008.)

“个人”看得比“共同”更重要，不在于把“局部”看得比“整体”更重要。新自由主义者并未颠倒价值，但却拒绝这样的对立体系，甚至拒绝此体系的恰当性，或者拒绝承认它指称某种现实。他们想解构这一思想布局，以便说明此布局所设立的观点非常成问题，尤其从政治角度来看还包含着危险。）

在以赛亚·伯林论述他所谓“反启蒙”作者的文字中，这是指那些自认为反对启蒙哲学理论家及其继承者的作者，就可以看到这一点。伯林思想的所有关键就在于指出：启蒙思想在极大程度上被某种“和谐整体”的幻想紧紧纠缠，还被另一向往紧紧纠缠，那就是建立一个追求集体目标并共享一致认同的理性人社会。这一思潮的基本假设就是：“人生来（这是一个心理学，也是一个社会学的原则）就是为了追求和平，而不是战争，追求和谐，而不是争执，追求统一体，而不是多元性。人与人之间的不同看法、冲突、竞争基本都是病态过程：这些倾向在他们的某种发展阶段中可能是不可避免的，但它们毕竟是不正常的，因为它们不能实现人作为人必然共有的这些目标，而正是这些永恒的、共享的目标才使人成为人。”[1]

1 以赛亚·伯林，《现实的意义》，巴黎，美文出版社，2011年，166页。（Isaiah Berlin, *Le Sens des réalités*, Paris, Les Belles Lettres, 2011, p. 166.）

按伯林之见，那些被归于反启蒙的作者，由他们完成的举动就是反对这样一种观点，反对这种对统一体的执着念头，反对总要使社会达成一致这样的愿望，而他们也因为这个原因被广泛地视为保守派或反动派。对于他们来说，社会和文化世界的多元性是不可克服的；多元性应该是一个终点，而不是政治理论自我定义时必须要加以反对的一个起点。“共同的世界”、“集体”、“普遍意志”，永远地追求某种属于“普遍”等级的东西，这些都是神话，而且是危险的神话。

伯林尤其引用约翰·戈特弗里德·冯·赫尔德[1]和埃德蒙·伯克[2]两个例子。这两个人就奋起反抗启蒙哲学的“一元论”，因为在他们看来，这种观点必然假设可能找到一个唯一的、最终的、普遍适用的方案以解决人类的所有问题。然而按照反启蒙人士的观点，“有很多值得为之奋斗的理想，而有些理想和其他理想是不相容的”。在此意义上，“解决人类所有问题的总体解决方案这个观念，如果它遭遇强烈的抵抗，它就必然要求以武力来保卫，所以这个观点就会导致流血，并

1 Johann Gottfried von Herder（1744—1803），德国哲学家。——译者注

2 Edmund Burke（1729—1797），爱尔兰哲学家和政治理论家，常被视为英美保守主义的奠基者。——译者注

进一步加剧人类的痛苦。”[1]

可以在赫尔德那里找到下列断言：要解决人类提出的所有重大问题，从来就不会只有一个，一个唯一的答案；“不同的文明追求不同的目标”，它们“都有资格作出回答”[2]。所以，政治思考应该考虑到这种多样性，而不是通过统一化体系来减少多样性。“赫尔德就设想了不同的环境，不同的起源，不同的语言，不同的品味，不同的向往。如果您同意对一个问题可以有不止一个有效回答，这本身就是一个伟大的发明，这会导致自由主义，导致宽容。”[3]在伯克那里，他也有同样的多元性目的，这使他质疑“普遍人性”这个观念。并没有到处都相同的“自然人”或“理性人”，实际上总是已经存在着不同的人，他们由各自的艺术，各自的文化，各自的习俗，各自的品味，各自的性格等而相互区别。[4]

除了启蒙哲学家和反启蒙人士的具体论战，以赛亚·伯林还试图揭示一个事实，即知识、政治、意识形态领域就是两种气质，两种态度的较量之地，也是两种不可妥协的方法

1 以赛亚·伯林，《自由论》，同前，68页。

2 同上，92页。

3 同上，96页。

4 同上，97页。

的较量之地，即提问社会概念含义，理解人际关系性质的两种方法。“政治思想的历史，在很大程度上就是社会两大敌对观念的争斗。一边是多元主义、多样性的辩护人，他们主张市场向各种想法开放，认为事物的秩序包含着冲突，并总是需要和解，秩序总是处于某种不完美的平衡之中……。另一方面则有这样一些人，他们相信这种不稳定的情况是一种慢性和短暂疾病的状态，因为健康就在于统一、和平，甚至在于取消可能的争执，在于承认有一个唯一目标，有一系列不相互冲突的目标，它们是唯一的理性目标，结果就是理性的争执只能影响到手段。”[1] 这第二种传统的代表人物，他们是柏拉图、斯宾诺莎、爱尔维修、卢梭、费希特或者还有黑格尔。按伯林之见，马克思也是这个思想家族的一个成员。和外表相反，共产主义并不是一种关于冲突和多元性的思想；这是政治一元论的最后代表之一：马克思就“内在于社会进步的矛盾和冲突”所发表的看法，“不过是关于人类不断进步的主题，以及人类通过理解、控制自己的环境和他们自己合题这一主题的简单变种”。[2]

1　以赛亚·伯林，《自由论》，同前，168 页。

2　同上。

7. 自由主义伦理和保守主义伦理

事实上，福柯就社会、整体化和众多性的关系问题进行思考，其主要参考人物就是弗里德里克·哈耶克。这位奥地利经济学家，他是解构政治哲学概念，解构“共同世界”、“公共财富”或者“普遍意志”等概念的主要新自由主义作者之一。在他看来，使用这类词汇的言论，总是并且必然由秩序和控制冲动所驱使，必然由指导个人行为的意愿，以及限制生活计划多样性的意图所驱使，名义上则出于“高级的”要求。

哈耶克尤其就“社会的”一词写了一篇著名文章：在政治或者意识形态领域，人们通常表彰或者赞美“社会的”行为，也就是指那些为了公众利益而不是为了个人利益的行为，那些有助于“人民”、“国家”或“社会”利益的行为。然而在哈耶克看来，必须当心这样的指令，因为这些指令不明言地，或者明确地预先假设“存在着集体目标”，并且被集体认可[1]：

1　弗里德里克·哈耶克，“社会的？这是什么意思？”，见《哲学、政治科学和经济学论文集》，同前，360 页。（Friedrich Hayek, «Social ? Qu’ est-ce que ça veut dire ?», in *Essais de philosophie*, *de science politique et d'économie*, *op. cit.*, p. 360.）

社会被认为是一个“整体”。更为严重的是，这种表述必然会产生一种极其“专制”的欲望，即把个人的行为引向服务于“共同体”[1]利益的目标和活动。在这一点上，这样的理论什么都是，只是并非中立的。它们并未针对局部而抬高普遍；它们却成为政治统治和社会强制机制的同谋，手段是给予某些特殊“价值以优先权”。[2]因为所谓“社会的利益”，基本上就是“大部分人的利益”。[3]

如同伯林区分了社会的两大敌对观点，哈耶克也由此区分了两大政治伦理。他是从它们与秩序和混乱的关系角度来进行区分的，注意到这一点令人惊讶。一方面有保守的态度，这就是传统意义上“保守主义者”的特征，但哈耶克说，这也是社会主义者的特征。哈耶克还就此提出了一个令人感兴趣的观点：在观念史上，随着时间的推移，社会主义者会变成保守主义者，并信奉保守主义，这是极其常见的一个现象。但变成自由主义者，这却是非常少见的。不过在哈耶克看来，

1　弗里德里克・哈耶克，“社会的？这是什么意思？”，见《哲学、政治科学和经济学论文集》，同前，357 页。

2　同上，361 页。

3　同上，360 页。

在大部分情况下，悔改的社会主义者不是在“自由主义的怀抱中”，而是“在保守主义的怀抱中找到新的避难所，并获得心灵和理智的平安”，这绝非偶然。这就揭示：在保守主义和社会主义之间存在着深刻的一致性，然而自由主义则服从一种完全不同的价值体系。[1]

保守主义者和社会主义者，他们基本上都有对于秩序的冲动，都有父权主义的倾向并崇尚权力。这一点尤其表现为他们害怕新事物和社会变革，害怕闻所未闻之事：“保守主义态度的一大基本特征就是恐惧变革，对通常的新事物抱怀疑态度，而自由主义的态度则是充满勇气，满怀信心，准备让事物按照自己的进程演变，即使不知道事物的演变会引向何方。”所以，保守主义的一大主要特征就是偏爱权威，这一点可以根据传统而采取不同的形式：保守主义者赞美民族和民族主义，而启蒙哲学家们则号召个人意志服从公众意志，社会主义者试图重新给“集体”和“公共世界”赋予意义，并反对个人主义，如此等等。但每次流露出来的，挥之不去的依然是对自发的、摆脱调节权力之事的牵挂，总之，依然是试

1　弗雷德里克·哈耶克，“为何我不是保守主义派”，同前。

图控制社会多样性，并建立一种高级观点的意图："只有当某种高级的智慧在关注并监督着变化，只有当保守主义者知道有某个权威受命来确保从未有过的变化将'按秩序'进行，这时保守主义者才能感到放心和满意。"[1]

新自由主义的伦理反对这种偏好秩序的倾向，它这样来界定自己。它建议要让政治理论和哲学摆脱专制主义的冲动；这样的冲动贯穿了政治理论和哲学，它们在逻辑上又受到由它们建构的社会统一化和一元化观点的召唤。新自由主义则站在混乱和内在性一边，所以它站在多元主义一边。一个新自由主义的世界是永远不能被统一和被整体化的。此世界并不在一个未来共同视野中被建设，它在根本上被认为是多元的，并由相互矛盾的、不可调和的逻辑主导："当我说，保守主义者缺乏原则，我并不是说他没有道德信念。一般的保守主义者无疑是一个有着很强烈道德信念的人。我想说的是，他没有政治上的原则，这使他能够和其他道德信念不同于他的人一起工作，去规划一种政治秩序，并使大家都能够服从各自的信念。那么，正是接受了能够使不同价值整体得以共

1 弗雷德里克·哈耶克，"为何我不是保守主义派"，同前，397 页。

存的原则，唯有这样才能使社会的和平建设成为可能，并把诉诸武力降到最低限度。接受这样的原则，意味着我们同意容忍很多我们不喜欢的东西。在我看来，较之于社会主义者的价值，保守主义者有很多价值更适合于我；不过在一个自由主义者的眼里，他个人重视某些目标，这绝不是一个充分的理由可以要求别人也追求这些目标。”[1]

新自由主义的整个社会理论即在于反驳如下观点：按此观点，必须要有一个高级“计划”来建立个人之间的“共识”，或者需要一个“契约”，此契约建立在压抑个人利益之上，名义上是追求更加普遍的要求。完全可以想象一个基本上是多元的世界，它可以让不同的生存模式，让矛盾得以表现，而不是想去压制它们。“商品化”的乌托邦正是被纳入这样的视角：在这里，市场实际上被设想为这样的机构，它能够“发展一种自发的秩序，可以让个人自由地利用他们自己的认识去实现他们自己的目标。”[2] 市场并非一个组织，它并非建立在和

1　弗雷德里克·哈耶克，“为何我不是保守主义派”，同前，398 页。

2　弗雷德里克·哈耶克，“自由主义社会秩序的原则”，见《哲学、政治科学和经济学论文集》，同前，250 页。（Friedrich Hayek «Les principes d’ un ordre social libéral», in *Essais de philosophie, de science politique et d’économie, op. cit.*, p. 250.）

谐、统一体、一致性观念之上，它向异质性开放："和一个组织相比，一种自发的秩序并不需要目的，也不需要赞成它所生产的具体结果，不需要就其理想的特征达成一致。鉴于自发的秩序独立于所有特殊目标，它可以被用来追求很多不同的个人目标，甚至相互冲突的目标，它帮助我们去努力实现这些目标。所以，尤其是市场的秩序，它并不建立在共同的目标之上。"[1] 按照哈耶克的看法，市场的特性就是能够让相互矛盾的、不可控制的、不可预测的事情自发地出现，正是市场的这种特性解释了它为什么受到抵制："也许没有任何孤立考察的因素，能够让人们如此讨厌让市场自由地运行，以致于人们无法理解供应和需求、进口和出口，或者其他类似的参考因素之间的必要平衡，如何能够在没有深思熟虑的干预之下产生。"[2]

1 弗雷德里克·哈耶克，"自由主义社会秩序的原则"，见《哲学、政治科学和经济学论文集》，同前，251 页。斜体符号由我所加（译按：中译本作楷体）。

2 弗雷德里克·哈耶克，"为何我不是保守派"，同前。

8. 内在性、异质性和众多性

解构关于人类社会的所有总体化观点，这就是新自由主义思想家给自己规定的任务。换言之，他们对知识史的重要贡献就是拆解传统社会理论和政治哲学的一大不明言的基础，即把多元性和异质性视为一个否定的极端，必须反对此极端才能构成“主权”、“社会”、“政治”等。形式-市场有可能取消关于社会思考中所有祈求某个超越机构的痕迹（不管此机构以政治的、法律的、社会学的或其他的形式出现），此机构被认为能够统一并组织社会的多样性。新自由主义要人接受一个本质上的无序社会形象，这个社会没有中心，没有统一体，没有一致性，也没有意义。[1]它挫败了迪迪埃·埃里邦所谓的黑格尔关于现实的综合观点，这些综合观点解读模式无法思考多样性和异质性，因为它们总是试图达到“集

1 在某种程度上，这里的问题即在于把观念的自由市场观，也就是意见领域用于行为空间，意见领域在此被概念化为一个对争鸣开放的纯形式机构。参见马尔瑟拉·亚居布，《美国色情业》，巴黎，法亚尔出版社，2010 年，102 页。（Marcela Iacub, *De la pornogra- phie en Amérique*, Paris, Fayard, 2010, p. 102.）

中”和“联合”。[1]

从多方面来看，使福柯着迷的正是这一贬斥一体化分析框架的举动。他实际上在《生物政治的诞生》一书中不断强调新自由主义理论怎样取消了“中央的、集中化的、突出的”[2]视角的可能性。他写道：“经济人（homo œconomicus），他是经济过程内部唯一可能的理性小岛，经济过程不可控制的特征并不否认，相反奠定了经济人原子式行为的理性。因此，经济界在本质上是不透明的，它在本质上也是不可被集中化的。经济界最初和最终都有多种观点构成，这些观点的众多性越是能够自发地，并最终确保它们之间的汇合，它便越是不能被简约化。经济是一门无神论的学科；经济是一门没有上帝的学科；经济是一门没有总体性的学科；经济是这样一门学科，它开始展示的不仅是主权观的无用，这涉及有待治理国家的总体性主权观，而且还展示了此观点是不可能的。”

1 迪迪埃·埃里邦，“回答与原则”，见《法国文化研究》，2012 年（Didier Eribon, «Réponses et principes», *French Cultural Studies*, 2012.），又见“界线和政治的时间”，在“性民族主义”研讨会“最后部分”的发言，阿姆斯特丹，2011 年 1 月 26-28 日（«Les frontières et le temps de la politique», intervention lors du «Concluding Panel» du colloque «Sexual Nationalisms», Amsterdam, 26-28 janvier 2011；可在本书作者的网站查到：http://didiereribon.blogspot.com）。

2 米歇尔·福柯，《生物政治的诞生》，同前，296 页。

福柯的结论是:“一方面是利益主体，以及经济主体不可被总体化的众多性特征，另一方面则是法律主权的总体化统一体，确切地说，当这两者的不相容性一旦被提出，自由主义在现代的基本层面就开始了。”[1]

福柯在此兴奋地重提新自由主义关于“众多性”这个主题，并指出此主题通向一个摆脱了所有超越性(经济被视为无神论学科，没有上帝，也没有总体性等)的社会观，不能据此就认为《规训与惩罚》的作者默认新自由主义的范式。

实际上，使福柯感兴趣的是这样一个非常强烈的观点，即在总体化话语的基础层面总有一种控制欲望。一体化理论必然贯穿了对于秩序的冲动。就这些理论本身的形式来说，它们实际上再生了权力和统治效应，比如它们呼吁建立超越的机构。总之，这些思想都是主权的同谋。

如果说这一主题对福柯如此重要，这是因为福柯自 1970 年代中期就开始批判马克思主义，同样也批判精神分析，此主题即代表了这种批判的一大主轴。在此，我们置身于某种思考反抗问题的背景之中，并就构思对社会秩序运行进行激

1 米歇尔・福柯，《生物政治的诞生》，同前，285-286 页。

烈批判的条件问题进行提问：什么理论最能够产生解放的效应？什么样的分析方法能够最恰当地使人理解权力机器，能够动摇并制止它？

按照福柯的基本直觉，马克思主义理论不能胜任，因为它的批判性不够。当然，马克思主义首先表现为一种质疑经济和社会秩序基础的理论，它也提供了动摇、废除，甚至超越这种秩序的工具。但是，马克思主义的根本问题是没有质疑总体化-形式：它全盘接受了确立现实统一化观点这一雄心，也就是把社会上所发生的集中到若干预先决定的基本原则之上。就在此理论声称提供了反抗统治的武器之时，它自己也善于产生权力、权威、审查效应。一方面是由于它接受了合并化观点，它无法质疑主权的观念，甚至它自己就代表了一种可能行使主权的模式。另一方面是因为它把对于社会的思考置于新的“超越”之下，它必然会掩盖现有的或者未来的局部斗争和少数人的现实，于是这些斗争和现实在它的解读模式中被遗漏了。

福柯1976年在法兰西学院的讲课，后来以“必须保卫社会”为名发表，他正是在此讲课中对马克思主义，在更广泛意义上对所有的“合并化”(englobantes)理论（精神分析就是其中的一大代表，也许是今日世界范围内的一大主要代表）提出了这样的批评。[1] 在福柯看来，自 1960 年以来，尤其是在 1968 年的时候，一大极为重要的现象就是出现了众多“分散的”、“断断续续的”、“个别的”、“局部的”进攻，它们针对精神分析机构的运行，针对传统的道德或性等级，针对司法和刑事机构等。[2] 这些话语层出不穷，福柯为此感到震惊。他还提到“这些断断续续的、个别的批判具有令人惊讶的有效性”。局部斗争层出不穷，这说明了“基础在总体上的脆弱性，尤其是这些还可能是我们最常见的，最坚固的，和我们、我们的身体，以及我们日常行为最接近的基础”。[3]

当然，《规训与惩罚》的作者并不仅仅注意到这一点，因为他还想强调一个事实，即这些局部斗争只是在质疑总体化理论的背景下才能出现：这些斗争是通过反对集中化范式而出现的。它们在于重现“被屈服的知识”，重现“被边缘化的”、“被排斥的”、“在功能一致性或者在形式系统化之中被埋没和被

1 米歇尔·福柯，《必须保卫社会》，巴黎，加利玛—门槛，1997 年。（Michel Foucault, *Il faut défendre la société*, Paris, Gallimard-Seuil, 1997.）

2 同上，6-7 页。

3 同上，7 页。

遮盖的”历史内容:“被屈服的知识，就是那部分在功能和体系整体内部存在，但被掩盖的那些历史知识，批判才使它们重见天日。”[1]福柯列举了关于精神病患者、病人、虚弱者、轻罪犯人的知识，总之，这些“人的知识”被马克思主义所遗忘;福柯更进一步说，这些完全不是“通常的、常理的知识，相反是一种个别的知识，一种局部的和区域性的知识，一种无法取得一致性的*差异*(différentiel)知识”[2]。换言之，这里的所有关键在于让这样一些知识，即“局部的、断断续续的、名声扫地的、被视为不合法的知识，让它们反对一体化的理论机构，此机构试图过滤它们，把它们划分成等级，使它们各就各位”[3]。

在这段文字中，米歇尔·福柯让两种产生批判的模式相互对立。一方面是这样一些话语，它们通过“总体性的词汇本身”来运行，另一方面则有各种分散的攻击，它们不是集中化的，它们不需要“公共体制的批准”[4]来确立自己的有效性。

1 米歇尔·福柯，《必须保卫社会》，巴黎，加利玛—门槛，1997 年，7 页。

2 同上，9 页。斜体符号由我所加(译按:中译本作楷体)。

3 同上。

4 同上，8 页。

然而，要让现代社会的权力谱系学和考古学全方位地进行和展开，那就只有一个条件，就是解除“合并化话语的暴政”[1]：“集权主义的”（这是福柯的用语）理论，譬如马克思主义或者精神分析学，它们基本上都有一种“抑制”（inhibiteur）效应，它们实际上都产生“某种阻止效应”。当然，它们有时候也能提供局部有用的工具，但这里的条件恰恰是当“话语的理论统一体好像被中止，不管怎么说，好像被分割、被变形、被撕成碎片、被颠倒、被移位、被画成漫画、被玩弄、被戏剧化等”[2]。

实际上，福柯的主要观点就是：总体化的话语必然会产生使人屈服的、等级化的效应，这是迟早之事，尽管它们时常不得不这样。它们“贬低”（minorisent）体验主体。然而谱系学总是站在另一边，并试图揭示总体化过程的反面。谱系学把自己定义为这样一项事业，即“除去使人屈服的（désassujettir）历史知识，使它们获得自由，也就是使它们能够反抗某种一体化的、正式的、科学的话语的强制，并与之

1　米歇尔·福柯，《必须保卫社会》，巴黎，加利玛—门槛，1997 年，9 页。

2　同上，7-8 页。

作斗争”[1]。

构思一种批判的思想，这就需要配备工具，以便倾听在社会空间中出现的各种斗争，陪伴它们的出现，并在它们的独特性中把握它们。必须采取一种向闻所未闻开放的态度，所以就必须拒绝那些使人固守成见，固定或者预先决定世界观的解读模式。因为这些解读模式发挥着统治和掩盖的作用；它们参与了权力的行使，以致它们无法揭示其机制。一种批判理论必须摆脱总体化的诱惑，它必须拒绝建构某些范式以便赋予“局部”层次上发生的事情某种“普遍的”一致性。

人们还记得，新自由主义解构“一元论”观念和一体化范式，这样就会抬高内在性、多元性、众多性概念（形式-市场即代表了这样一个机构，它能够使人设想一个不一致的异质社会，没有任何一体化的视线笼罩在此社会之上）。“内在性”、“多元性”、“众多性”，这些就是福柯权力理论的中心概念。

在《认知意志》一书中，有一部分涉及福柯思考权力的分析“方法”（这是他使用的词汇），他在其中发展了这一观点。

1 米歇尔·福柯，《必须保卫社会》，巴黎，加利玛—门槛，1997 年，11 页。

为什么方法这一点在他看来是必要的？因为他在其研究中一直使用的“为什么”这个词“有可能导致若干误解，涉及“为什么”的性质、形式及其统一体”[1]。福柯还指责那些试图制造过于统一化，过于集中化形象的权力理论：它们所谈的大写“权力”好像就是“确保一个国家公民屈服的所有机构和组织”（社会契约理论），它们或者以权力来指称某种统治总体系，即“由一种因素对另外一种因素，或者一个团体对另外一个团体实施的统治体系，这些统治体系的效应经由连续的分流而贯穿整个社会机体”[2]（社会学理论或者马克思主义）。这些范式建构了超越术语，并从统一体和总体性角度来思考，福柯针对这些范式提出了另外一种由内在性和众多性构成的观点：“依我看，所谓权力，应该首先指众多的角力关系，这些角力关系内在于它们运行的领域，并建构了它们的组织。”[3]

使权力的运行变得容易理解，直至其“最边缘的效应”，这就必须创造一个观点，此观点并不把“权力”软禁起来，

---

1 米歇尔·福柯，《认知意志》，巴黎，加利玛出版社，1976 年，121 页。（Michel Foucault, *La Volonté de savoir*, Paris, Gallimard, 1976, p. 121.）

2 同上。

3 同上，121-122 页。

也不假设存在这样一个“中心点”，这样一个“唯一场所”，即控制机制由此出发而蔓延开来：“权力的可能性条件……，就是角力关系的移动基地，由于角力关系之间的不平等关系，它们不断地引起权力状态，这些状态永远是局部的，是不稳定的。”结果就是“权力无处不在，并非因为权力拥有特权，能够把一切都聚合在它的不可战胜的统一体之内，而是因为权力每时每刻都在产生，它产生于每一个点，或者说产生于从一个点到另一个点之间的所有关系之中。权力无处不在；这不是因为它囊括了一切，而是因为它来自所有地方”[1]。

1 米歇尔·福柯，《认知意志》，巴黎，加利玛出版社，1976年，121-122页。

9. 怀疑论和独特性的政治

“社会并不存在”：这是新自由主义的典型说法，它时常被视为具有极为强烈意识形态的标志，也被视为所有赞同个人主义哲学人士的口号，他们从事的政治斗争在于反对从社会角度出发的改革，他们还尤其和社会学进行理论上的斗争。但在某种意义上，这个观点完全表达了福柯自 1970 年代中期试图确立并要使人了解的观点：权力以扩散的方式运行；它无处不在，它以分散的方式起作用；定期发生的部分、局部、差异斗争并不包含在一个更大、更总体的整体之中，以致于必须把这些斗争放在这个整体之内以便理解它们，并把握它们的意义；这些斗争本身就具有自己的价值，自己的意义。按照接近于尼采关于事件的一个观点（大写的存在归结为事件的多元性），福柯肯定并无某种东西叫做“社会”，而战斗和动员不时在此社会内部出现；必须从这些动员和战斗本身来思考它们，独立于任何视野。总体的、极权主义的理论抹去了人类社会的多元性、异质性和不一致性；它们压制部门间的争斗，而争斗只有反对这些理论才能进入可见性。

(换句话说,“社会并不存在”, 在按此意义被解释的这句话里, 并非社会的存在被否认了, 被否认的是总体化, 此总体化通过这样一个观点运行: 存在着某种叫做社会 (*la* société) 的东西。正是这个一体化的“la”[1] 并不存在,其实在性也受到怀疑, 而不是人类社会的观念并不存在。)

众所周知, 福柯建构了这一分析权力的新方法, 这使他创造了一个关于知识分子的新形象。如果斗争以局部和区域的方式进行, 如果斗争摆脱了总体化制约, 那么知识分子就应该成为“特殊的知识分子”。知识分子必须拒绝普世知识分子的形象, 也就是拒绝“作为普世代表”, 并以“众人意识”[2] 说话的知识分子形象, 这种形象尤其由萨特造成, 不过此形象在马克思主义那里也极其明显地存在着。普世知识分子借助于某些大概念或者若干现成的话语, 以此来对待特殊的斗争。结果, 他们必然把特殊的斗争纳入到一个更加庞大的斗争之中, 而这种庞大的斗争则以正义、理想法律、未来共产

1 法语定冠词, 可表示一般和普遍概念。——译者注

2 米歇尔·福柯, “知识分子的政治功能”, 见《言与文》, 卷二, 巴黎, 加利玛出版社, 1994 年, 109 页。(Michel Foucault, «La fonction politique de l' intellectuel», in *Dits et Écrits*, t. 2, Paris, Gallimard, 1994, p. 109.)

主义之名去进行。相反，特殊知识分子却始终拒绝这样的诱惑，即拒绝通过一体化话语去重新说明局部斗争，拒绝将局部斗争重新编码或者将它们再次开垦（recoloniser）。由此，福柯呼吁去发明一种联系理论和实践的新模式，以他之见，这种新模式自 1960 年代末即已开始发展起来："知识分子开始习惯不是在'普世'，不是在'典型'，不是在'对所有人都正确和真实'中工作，而是在确定的领域内工作，在确切的场合中工作，而他们的职业工作条件，或者他们的生活条件，如住房、医院、精神病院、实验室、大学、家庭关系或者性关系，使他们置身其中。他们在其中肯定会对斗争产生非常具体和直观的意识。他们在其中遇到了特殊的问题，而不是'普世'问题，常常不同于无产阶级或者人民群众的问题。"[1]

依我看，如果触及这一点很重要，这是因为以下原因，即可以在新自由主义者那里发现几乎完全相同的做法，这一点令人惊讶。新自由主义者批判政治和社会理论中那些普遍概念和超越术语的作用，这使他们也批判"普世"知识分子的形象，或者更确切地说，使他们批判这样一个观念，即知

1 米歇尔·福柯，"知识分子的政治功能"，见《言与文》，卷二，巴黎，加利玛出版社，1994 年，109 页。

识分子能够对社会形成一种综合看法。

事实上，新自由主义者不断地反对这样的态度，即把某种过分的权力赋予思想。这种态度就是马克思主义的一大特征，但它实际上来自启蒙时代，尤其是来自伏尔泰和卢梭。启蒙时代的哲人们编造了一个具有危险政治后果的哲学神话：知性（intellect）的至高无上威力的神话。启蒙时代认为理性具有无限的能力。一切都好像有可能对社会下达命令，有可能按照精神编造的某个计划去建设社会。所以启蒙时代来自某种"建设性的理性主义"。启蒙时代认为："一个独立存在的理性能够规划文明。（参见伏尔泰的引文：'如果您需要美好的法律，那就烧毁现有的法律，并创建新的法律。'）"[1] 启蒙时代的理性主义拒绝承认理性的局限，它给知识的自恋披上了合法的外衣，这就使学者和哲人们自认为是世界的中心，自认为只有他们才能够看到社会的总体，才能够避免片面性。这种"错误的理智主义"经常使人相信学者和专家型政府的功绩。[2]

1 弗里德里克·哈耶克，"自由主义社会秩序的原则"，同前，248-249 页。

2 参阅以赛亚·伯林，《自由及其叛徒》，巴黎，帕约出版社，2007 年，56-60 页。（Isaiah Berlin，*La Liberté et ses traîtres*，Paris，Payot，2007，p. 56-60.）

新自由主义伦理拒绝思想的这一画像。新自由主义自认为是一种谦虚的理论，它建立在一种谦卑的态度之上，此态度在于承认自己的界限和自己的局限。新自由主义远没有认为社会秩序可以从某种先验的理论构思中推导出来，它认为社会秩序取决于众多自发力量，这些力量在原则上离开了人的认识，离开了某种自认为是总体化的观点。譬如哈耶克就这样写道："对我来说，我认为这种伪理性主义是在法国大革命时期被接受的，它在近一百年内通过实证主义和黑格尔主义这对孪生运动而产生了影响，它表现了知识的过分，这和知识的谦卑相反；知识的谦卑是真正的自由主义的精髓，它尊敬地对待自发的社会力量，而人通过这样的力量创造了他们并未意识到的更大业绩。"[1]

在此意义上，可以说新自由主义的政治哲学扎根于这样一种认识哲学，其出发点就是承认思想的局限。学者不能看到一切，不能知道一切；他必须放弃这样的"疯狂"野心，即试图理解、控制正在世界上酝酿的众多过程的全部。从原则

1　弗里德里克·哈耶克，"朝圣山研讨会开幕词"，见《哲学、政治科学和经济学论文集》，同前，240 页。(Friedrich Hayek, «Allocution d' ouverture d' un colloque à Mont-Pèlerin», in *Essais de philosophie, de science politique et d'économie*, *op. cit.*, p. 240.)

上说，很多东西都脱离了思想：新自由主义源于发现社会事务有一个自己产生，或者自发的秩序（同一发现导致承认社会理论科学有一个对象），该秩序使人有可能在更加广阔的范围内利用社会所有成员的认识和才能，胜过中央领导创造的任何秩序；新自由主义还来自试图随后尽可能完整地使用这些自发组织的强大力量。[1] 于是，新自由主义理论就成为一种怀疑论，它的出发点就是这样一个原则：人类知性的狭隘局限，也正因为这个原因，休谟就成为新自由主义最重要的参考人物之一。[2]

当然，福柯并不认可所有这些说法，而且他也没有使用同样的用语和词汇来提出他的分析。但从许多方面来看，他在新自由主义当中重新找到了这样一种关注，即在于采取某种态度，使人能够关注人类社会中所酝酿之事的众多性，对众多性开放，并接受众多性。而那些具有普世奢望的理论，

1 弗里德里克·哈耶克，“朝圣山研讨会开幕词”，见《哲学、政治科学和经济学论文集》，同前，249 页。

2 弗里德里克·哈耶克，“法哲学和大卫·休谟的政治”，见《哲学、政治科学和经济学论文集》，同前，173-194 页。（Friedrich Hayek，«La philosophie juridique et politique de David Hume»，in *Essais de philosophie...*，*op. cit.*，p. 173-194.）

那些宏大叙事体系，就在它们试图把握现实的时候，它们掩盖并歪曲了现实。尤其是，当它们预先确定了分析的框架和范畴，它们阻止人们去倾听正在创造的事情：它们使人无法看到正在发生的闻所未闻之事，也就使人无法把握闻所未闻之事的独特性。

正因为这个原因，把福柯描绘成一个怀疑论思想家，一个否认普遍概念、超越术语以及一般观念的价值的哲学家，他还摆脱了对于某种可称为大写真理、大写道德、大写美德的参照，如保尔·韦纳[1]最近建议这样做[2]，这并没有错。不过，我不赞同这位研究古代的历史学家的做法，即引用这一极端怀疑论来否定福柯著作及其生活的政治特征。按照保尔·韦纳的意思，福柯批判普遍概念和抽象观念，这就取消了给政治行动提供任何基础、任何证明的可能性。结果，政治行动总是随意的，而在此意义上也是荒谬的。福柯对政治行动抱着深深的怀疑，并和政治行动保持着原则上的距离；福柯在法国和美国都有左派激进分子哲学家的名声，而其行为的真

1 Paul Veyne（生于 1930 年），法国历史学家，法兰西学院名誉教授。——译者注

2 保尔·韦纳，《福柯，其人及其思想》，巴黎，米歇尔·阿尔邦出版社，2008 年。（Paul Veyne，*Foucault*，*sa pensée*，*sa personne*，Paris，Albin Michel，2008.）

实性质却距离这一“神话”非常遥远。

依我看，福柯的怀疑论不能被视为是一种解除义务（désengagement）的形式，或者不能被视为是一种几乎必然导致非政治化（dépolitisation）的态度。相反，批判“普遍的”观念，批判“总体化的”理论或者“基础”的思想，这正是发明一种新政治的起点，这种新政治被定义为一种独特性政治，一种陪伴、支持众多斗争和局部战斗的政治。福柯一套做法的所有关键就在于解放思想，使思想摆脱那些禁止它既激进又有效的神话和态度，即摆脱对于一致性、普遍、集体价值、“大写历史意义”等的顽念。所有这些顽念都使人无法理解正在出现的战斗，无法就这些战斗的本来面目去认识它们。于是，福柯的怀疑论就代表了一种对自己进行改造的出发点，而这种改造的作用就是使人摆脱那些紧紧缠住传统政治的习惯，这些习惯实际上是非政治化的，因为它们使人无法把握斗争的独特性。总之，这就是发明一种解放型政治的出发点。

10. 不被治理

我们一向把新自由主义视为一种大获全胜的意识形态，视为一种霸权体系的典型代表，必须行动起来反对这一代表，我们如此习惯于这样看待它，以致于把它和斗争，和反抗，和解放相联系，这必然首先会和我们的知觉范畴相抵触。然而，批判、抵制我们所拥有的工具，即用来质疑施加于我们身上的统治，尤其是政治统治的工具，这一主题紧紧缠住了福柯对新自由主义传统的贡献的思考，注意到这一点令人惊讶。当然，福柯并不天真，他并非不知道：新自由主义治理术的出现和确立导致了权力机制、控制机制和等级化机制的发展，必须对这些机制进行分析，以便抑制其运行。但这些观点没有任何独到之处，它们甚至是很多研究的出发点和基础。这些都属于反射性断言，它们最后总是导致同样的计划：抓住新自由主义范式的"否定方面"，揭示其阴暗面，指出其危险及其威胁。

福柯的计划和这样的观点决裂，他想提出的问题使人更伤脑筋，他的意图也更加复杂。福柯建议改变我们对新自由主义话语的自发观点。于是，《生物政治的诞生》一书的分析中心就有这样一个观点，即通过新自由主义，有某种使人获得自由的东西，某种解放的、批判的东西在酝酿，在落实。自他讲课的第一堂课开始，福柯就特意明确地说明了这一点。在第一课的最后，他就对听众强调：思考自由主义，然后又思考新自由主义，再现这些调节行为的普遍新模式的出现，再现其特性，如果认为这样做仅仅具有某种历史的，或者资料的价值，那就完全错了。

他说，这些问题和我们同属一个时代，它们是在“我们当下的具体现实中提出来的”。它们涉及现在，涉及我们还在其中演变的现状。福柯还明确地说：“当人们谈论自由主义，当有人现在对我们实施自由主义政策，这是怎么回事？这和人们称为自由的权利问题有什么关系？”然后他又提出一个更加重要，也更加大胆的疑问，他通过此疑问又惊人地把经济上的新自由主义和某些以自由主义之名而发展起来的反抗实践相联系：“这一切，在今天的这场辩论中，赫尔穆特·施密特的经济原则很奇怪地和东方异见人士的某些声音相呼应，还有自由以及自由主义的整个问题，这到底是怎么回事？”[1]

一方面是自由主义和新自由主义，另一方面是异见人士的运动，福柯如何解释这一结合？新自由主义话语中可能潜藏着什么样的解放因素？或者更确切地说，如何可能在这样的话语中找到工具和武器来进行政治和民主斗争？

新自由主义理性中所包含的批判可能性扎根于这样一个事实，即这一传统是在反对国家，或者更确切地说，是在反对国家理性的范围内才崭露头角的。其实，在自由主义态度，之后又在新自由主义态度的根基上，并没有一个由理论或哲学公理构成的体系，甚至也没有若干基本的原则。如果要给出新自由主义知识分子的共同特征，并超越他们之间的差异，有时是很大的差异，那就必须提到某种性格特征，还有一系列几乎是心理学方面的顽固念头。因为他们共同的冲动，如福柯所说，那就是“对国家的恐惧症”[2]。自由主义者的活力来自对于国家那种挥之不去的顽念，福柯援引伯纳德·贝伦森（Bernard Berenson）这位艺术史学家的话来说明他们这种顽念

---

1 米歇尔·福柯，《生物政治的诞生》，同前，25 页。

2 同上，77-78 页。

是多么强烈:“我害怕世界会被原子弹摧毁，这是千真万确的，但至少还有一件事让我同样恐惧，那就是人类遭到国家的入侵。”[1] 按福柯的意思,新自由主义贯穿了这样一个观点,即“治理总是过分的”,或者“必须总是怀疑治理过分了”[2]。换句话说，新自由主义对国家治理术表达了极端的质疑。这个理论并不满足于知道什么是达到政治目标的最佳办法，或者什么是花费最少的办法，它甚至就国家的可能性提问，它要使人回答这样一个问题:“为什么必须治理？”[3]

在此意义上，说福柯把新自由主义视为批判传统的一个现代代表,这样说并不错。福柯在1978年有一次讲演,题为“什么是批判？”，这仅仅在他讲授《生物政治的诞生》一课之前几个月，他其实在讲演中就把批判和某种态度、某种举动相联系，这种态度和举动就在于站在被治理者一边，并奋起反抗治理形式。当然，福柯还说道，这种对自由的要求并不建立在咒语般地拒绝一切治理之上，此要求所依靠的是一种更谦卑，也更模糊的意志。它表达的是这样一种意愿，即“不

---

1 米歇尔·福柯，《生物政治的诞生》，同前，77页。

2 同上，324页。

3 同上。

是这样，不是按这个办法，不是以这样的原则之名，不是为了达成这样的目标，不是通过这样的手段，不是这个样子，不是为了这个目的，不是用这些手段”被治理。福柯把批判定义为“不被过度治理的艺术”（l’art de n’être pas tellement gouverné）[1]。这也是新自由主义艺术的一大特征。

1 米歇尔·福柯，“什么是批判？批判和启蒙”，《法国哲学学会会刊》，第84年，第2期，1990年4-6月。斜体符号由我所加（译按：中译本作楷体）。（Michel Foucault, «Qu’est-ce que la critique ? Critique et *Aufklärung*», *Bulletin de la Société française de philosophie*, 84e année, n° 2, avril-juin 1990. C’est moi qui souligne.）

11. 政治，法律，主权

新自由主义执行着反国家的任务，这一点使福柯感兴趣，因为在福柯看来，这为解构现代社会中制造臣服的范式打开了大门：政治哲学、法律理论、对国家的信仰。

当人们在评价米歇尔·福柯的时候，人们通常都强调他对权力观念的更新，强调他如何指出权力以分散的、散开的、扩散的方式运行，应该从规训社会的角度来描述现代社会，规训社会众多的规范化配置占据了身体，并且制造了主体性。不过，这样的介绍在我看来趋于掩盖福柯著作的另外一大重要方面：它针对政治哲学和法哲学所进行的真正战争。

实际上，自1970年代中期开始，福柯的一大关注就是质疑、解构他所谓的“法律主权观”（conception juridique de la souveraineté）。在他看来，“法律主权观”并非某种结构完整的理论，不如说是一种分析模式，一种表象体系，一种思考权力的方式，此方式自启蒙运动以来，也许甚至在启蒙运动之前就已经纠缠着西方。这一配置围绕着若干可明确辨认的概念展开，诸如大写的契约、大写的法、大写的法律、大写的公共意志等。此配置通过这些概念建构了一整套神话，甚至是骗局，这些神话和骗局又主导了我们如何看待现实，我们如何理解国家，我们如何解读政治的含义。就实质而言，这一模式的关键一点就是把国家说成是一个自由或者解放的场所；此模式断言政治就是这样一个框架，人在其中摆脱了激情和个人利害关系的控制，他们得以通过大写理性和非暴力的讨论来建立一个合法秩序，建立一个大写的公共意志，而法就表达并代表了此意志（“评议民主”［démocratie délibérative］这个概念就是此主题的最新活动）。总之，这一体系肯定了在政治或法律和解放（公民形象、追求普遍、自由人形象）之间存在着某种关系。[1]

显然，福柯并非不知道：此体系在大写历史中发挥着颠覆作用，对已建秩序提出异议，有时候它可能继续发挥着这样的作用。因为这种说法显然就是法国大革命的说法，就是卢梭的说法。不过，福柯又立刻补充说：人们实在是大大高

1 争取自由和建构某种相对自主的政治范围，关于这两者关系的主题，可参阅汉娜·阿伦特所著《何为政治？》，巴黎，门槛出版社，1995 年（Hannah Arendt，*Qu'est-ce que la politique* ?，Paris，Seuil，1995.）。在现代阶段，也许是尤尔根·哈贝马斯最明确地捍卫了这一立场。

估了由启蒙哲学在政治理论方面引进的中断。依福柯的看法，法律话语并不是针对君主专制的资产阶级发明。相反，这是一个代表体系，而王权早就已经以此为基础（王权尤其就利用过此体系来反对封建体系）。换句话说，启蒙时代的话语并未把中断引进思想史，但人们却往往在其中看到了中断。实际上，启蒙话语的主要特征就是用君主制自己发明的法律话语来反对君主制："理论机制，即人们经由它来批判君主制度，这一理论工具就是法律的工具，它是由君主制本身确立的。"[1]

如何才能够使启蒙思想和君主制度相接近呢？在法律理论、政治哲学，和国王以及君主形象之间存在着什么样的关系？

这里就是福柯论证，以及他想做的解构的所有关键。其实，福柯想改变人们对法哲学和政治理论的看法。人们在卢梭、霍布斯，直至罗尔斯、哈贝马斯或者金里卡[2]（甚至在某

1　米歇尔·福柯，"权力的网眼"，见《言与文》，卷二，巴黎，加利玛出版社，"Quarto"系列，2001 年，1003 页。（Michel Foucault，«Les mailles du pouvoir»，in *Dits et Écrits*，t. 2，Paris，Gallimard，coll. «Quarto»，2001，p. 1003.）

2　Will Kymlicka（1962—），加拿大哲学家。——译者注

种意义上也包括德里达[1])那里所看到的法律-政治公理并不有利于自由和个人解放，福柯想揭示这一点。实际上，这些人的公理的主要作用就是有利于国家和政治统治的合法化；它制造了一个“法律主体”的形象，一个总是已经在那里的服从主体，一个总是在那里服从君主的主体，并且此主体必须承认君主的优越性和超越性。换言之，即使这类配置有可能起到革命的作用，有时候还可能成为以“人权”之名限制国家权力的工具，尽管如此，它必然陷于国家理性的框架之中，因而它和法律理性的运作是密切相关的。

依福柯之见，政治哲学的问题首先是*君主*的问题。福柯说，卢梭，“当他在创建其国家理论的时候，他试图指出君主是如何诞生的，只是这是一个集体君主，一个作为社会机体的君主，或者更确切地说，一个作为君主的社会机体”[2]。法律思想的顽念就在于确定：如何才能构成一个“政治统一体”，此统一体由“君主的存在来定义，此君主是否是某一个个人，这没有关系，但他一方面拥有其个人权利的全部，但他同时

1 参阅雅克·德里达，《从法律到哲学》，巴黎，伽利略出版社，1990 年。（Jacques Derrida, *Du droit à la philosophie*, Paris, Galilée, 1990.）

2 米歇尔·福柯，“权力的网眼”，同前。

又是限制这些权利的原则”[1]。

所以，法律-推理的公理并不首先站在反抗、不顺从、抵触一边，它并不为被治理者着想，它站在国家一边，讲着国家的话语。它还竭力寻找办法去证明治理实践，证实国家的意图就是成为这样的国家。[2] 为了这样做，它完整地创造了一个国家起源的故事，此故事必须指出权力是如何构成的，所依照的是“某种基本合法性，这比所有的法律更基本，这是一种构成所有法律的普通法，能够使不同的法律发挥法律的作用”[3]。这一基本合法性的观念必然意味着制造一个作为服从的主体的主体形象，即公民形象，福柯想展示的正是这一点。

主权理论即建立在西方哲学的这一中心形象，也就是建立在法律主体的形象之上。法律主体和主权构成了同一范式

1　米歇尔·福柯，《生物政治的诞生》，同前，286 页。

2　这类分析模式就这样和哲人的某种态度、某种方法合为一体，哲人由此把自己主体化为立法者，并把自己想象成普世之人。政治理论声称是中立的，它想在事后到达，站在中间立场，超然于纷争。它的作用就是设想如何建立一个调和的秩序，由此使停战成为可能。从更广泛的意义上说，这使我们思考哲学和国家的关系，思考哲学观点和国家观点之间的关系。参阅让-路易·法比亚尼，《共和国的哲人们》，巴黎，子夜出版社，1988 年。（Jean-Louis Fabiani, *Les Philosophes de la République*, Paris, Minuit, 1988.）

3　米歇尔·福柯，《必须保卫社会》，同前，38 页。斜体符号由我所加（译按：中译本作楷体）。

的两个方面，两者相辅相成。然而，和人们所想的相反，这一主体首先并不是这样一个人，即他意识到其权利，他的行为是为了让其权利产生影响，并针对国家理性而要人接受其权利。相反，这是一个“有待于使他屈服的主体”[1]（sujet à assujettir）:“法律主体的特征是什么？当然就是他最初拥有自然权利。但在一个实际制度中，当他至少接受了出让这些权利的原则，当他至少接受了放弃这些权利的原则，当他同意限制这些权利，当他接受转让的原则，他就变成了法律主体。这就是说，法律主体在定义上就是一个接受否定性的主体，他同意放弃自己，也可以说他同意分割自己，即同意在某种程度上拥有某些直接的自然权利，而在另外的某种程度上又接受放弃这些权利的原则，由此把自己构成为附加在前者之上的另一个法律主体。主体的分割，相对于第一主体而言的第二主体的优越存在，两者之间的某种否定性的关系、放弃的关系、限制关系，这些就是法律主体辩证法或法律主体运作的特征，法律和禁令也正是在这里，在此运动之中出现了。”[2]

意志-法律体系就这样总是以否定和限制的方式造就了

---

1 米歇尔·福柯，《必须保卫社会》，同前，斜体符号由我所加（译按：中译本作楷体）。

2 同上，278-279 页。

我们，该体系远没有突出并增加反抗、不顺从、抵触的能力，它的实际作用就像是一个使人屈服的原则。

所以，政治哲学站在维护秩序一边，站在国家一边，它不是自由，不是自主，不是个人的话语，它是一种服从的话语，它建立在使君主或者某种代表主权的东西合法化的行为之上。换句话说，它并不站在社会斗争一边，它也不可能提供反抗的工具。它给治理者提供了一种使他们有权治理的话语。

此外，认为法律-政治公理，还有社会契约、公共意志、“政治”话语，它们的主要作用即在于反对动员和异议活动，呼吁这些活动遵守政治秩序（所以它们的作用就是使君主免遭任何激进的异议，因为激进的异议会危及君主的统治基础，危及对君主的合法性信仰），这样一个观点就是福柯在法兰西学院的讲课——《必须保卫社会》的关键内容。

在《必须保卫社会》的讲课中，福柯以托马斯·霍布斯的著作，而不是卢梭的著作为对象。他提出了两个大问题：首先，霍布斯写《利维坦》，他是为了达到什么目的？在什么背景下写的？又是为了反对谁？其次，这本书成为现代政治哲学的奠基之作，如何解释这一点？

福柯和哲学著作的内部解读法决裂，他指出这本书在何种程度上是介入一场意识形态争论的政治书：如果看不到霍布斯写这本书是为了反对一个十分明确的敌人，那就完全读不懂这本书。这本书反对的是在17世纪英国传播，并日益流行的一系列话语。这些话语以历史分析的形式出现：它们叙述了诺曼底人征服萨克逊人的故事，并提及1066年的黑斯廷斯战役[1]，征服者威廉[2]的军队入侵英国等。为什么重新勾起对这一过去的回忆？那是为了强调：是战争先于英国国家的诞生。王国的政治统治以及英国的贵族，其来源都是肮脏的。王国是在流血中，在一场战役的随意性中，在一个群体奴役另一个群体的过程中建立起来的。所以，英国的王位不是合法的，它不是合法建立起来进行统治的，它并不代表人民，而只代表了征服者这一特殊群体，他们竭力维护自己对其他群体的统治。

按福柯之见，这类话语的重要性在于指出：历史的实践如何可能（现在依然可能）在策略上被当作反对君主的武器来使用。[3] 政治并不代表公民而超越个人利益，政治并非公共的

1 诺曼底人入侵英格兰的一次决定性战役。——译者注

2 即威廉一世（1028—1087）。——译者注

3 米歇尔·福柯，《必须保卫社会》，同前，255页。正是同一行为激发了皮埃尔·布迪厄的“遗传方法”。参阅《论国家》，巴黎，门槛–行动理由，2012年。（*Sur l'État*, Paris, Seuil-Raisons d' agir, 2012.）

领域，而是征服的领域。政治是“通过其他手段继续的战争”：法律、权利、国家都包含在一场最初战役之中，它们仍在继续这一战役，它们的目的就是维护最初有利于征服者的角力关系：“从这个假设来看，政治权力的作用就是通过某种沉默的战争不断地重新登记这种角力关系，就是把这种关系重新登入机构，登入经济不平等，登入言语，直至登入所有人的身体。”[1]

这一谱系学方法揭示战争就是社会和政治关系的永久特征，它几乎必然号召起义：它拒绝承认君主就是我们的代表，揭示国家的灰色来源并把国家视为敌人，它从逻辑和历史角度给造反提供了某种必然形式。按照福柯之见，霍布斯写《利维坦》一书，正是为了让这种历史主义闭嘴，为了解除这种历史主义可能包含的破坏性。福柯说，从更广泛的意义上，西方传统的全部法哲学话语都是在围绕斗争和对立的萦念中建构的，其目的就是反对这样的话语：它们以冲突的话语来给政治关系编码，也就是把国家重新纳入社会战争之中，而不是承认国家的某种优越性。

1 米歇尔·福柯，《必须保卫社会》，同前，16 页。

实际上，契约、法律、转让、代表等概念使霍布斯得以创造另一种观点，另一种故事，另一种理解模式，而不是当时人们在历史征服的话语中发现的理解模式。其实对霍布斯来说，一旦被征服者、失败者、"弱者"选择求生而不是死亡，一旦他们让步并停止战斗，他们就缔结了契约，他们接受服从并由此"重建了主权。他们把征服者变成了他们的代表，他们让一个君主上台。"换言之，并不是战争和失败突然以非法形式创建了国家，创建国家的是失败者停止战争的意愿。福柯说，"这就是所谓恐惧，拒绝以生命冒险，正是这一点使人进入主权秩序，进入绝对权力的法律制度。选择生命拒绝死亡的意愿：正是这一点建立了主权，此主权和建立在制度以及彼此赞同模式之上的主权同样是符合法律的、合法的。"[1]

福柯很清楚地知道：在思想史上，《利维坦》一书使人感到害怕，因为它带有激进特点，它歌颂专制制度，它还倾向于使所有已建的国家权力合法化。而很多政治理论家们创建了不同的理论，但不那么专制，赋予君主的"权利"也更少。

1　米歇尔·福柯，《必须保卫社会》，同前，82 页。

但福柯认为，对哲学家们来说，宁可给国家的权利过多，也不要给得不够。换言之，对霍布斯发明的话语进行研究，主要用意在于指出，政治理论的话语在何种程度上不仅具有反作用（réactif），而且必然是国家的话语：契约、公共意志、公民、政治等概念，它们总是起着合法化的作用。所以，这种范式毫无解放因素，它的功能就是一种服从话语，一种治理者的话语，一种为国家理性服务的话语。它从法律上建立了政治主权，出发点是一个最初使人屈服，甚至是自我屈服的举动，主体通过此举动把自己构成为，或者已经构成为愿意被治理的主体。这恰恰和批判的方法相反，批判的方法应该把这些使人屈服的关系作为对象，研究这些关系如何制造主体性。这样的关系不应该被预先假定或者被视为一种必然性：它们应该被置于研究的中心。只有解构这些关系，然后人们才有可能向被治理者提供解放的工具。换句话说，必须在法哲学范围之外去寻找如何建立一种反抗、斗争、不服从的理论实践。

12. 成问题的公民抗命

福柯解构政治哲学和法律理论，这当然不属于关于资产阶级和启蒙思想贡献的历史讨论范围。他的解构和他对现代政治的关注相联系。在此范围内，福柯的一大对象显然就是传统的保守哲学，此哲学总是利用政治自主、理性主体和法律的神话来反对马克思主义，反对斗争观点（尤其是阶级斗争的观点），或者反对社会学决定论。[1] 不过，人们可以强调这种争议同样也在激进理论方面进行。争议涉及批判工具，以及如何才能建立反抗国家逻辑的话语，并追随要求更多自由的不服从运动等问题。因为按福柯之见，当一种实践重新拿起法律范畴为己所用，当它使用这样的概念游戏，并试图通过呼吁法律、公民权、未来的普遍观念来贬低现存国家，这样的实践注定停留在主权体系之内：它反对权力关系的某种既定状态，但不反对这样的权力关系。总之，它依靠某种使人臣服的体系，而且并不质疑这一体系。

1 迪迪埃·埃里邦，《一场保守派的革命及其对法国左派的影响》，同前。

这也是福柯那次著名论战的关键所在，那是在 1974 年，他和诺姆 · 乔姆斯基就公民抗命的问题进行辩论。[1] 在这次争论中，福柯似乎明显地带有马克思主义思想范畴的标记，而他后来却转而反对这些范畴。不然的话，福柯使用这些范畴就是出于这样一个事实，即他满足于在他自己的领域内和乔姆斯基争论，并且是在乔姆斯基自己提出的体系内部。尽管如此，贯穿这场辩论的一大问题仍然是：工人起义，或者更广泛地说，政治反抗的示威，它们是否具有某种可称为“基础”的东西。试图为反对国家的鼓动行为辩护是否合适？能否，或者是否应该借助于司法范畴来思考这些行动；能否，或者是否应该提及这些行动都在法律、公正、理性范围内，以此来使它们合法化？

乔姆斯基主张的是最传统的观点，也最令人放心。对他来说，被压迫者的斗争必然要以法律之名，以更加纯粹的公正之名来进行。反对国家的造反以一个更加美好的社会之名

1 米歇尔 · 福柯，诺姆 · 乔姆斯基，“论人性：正义面对权力”，见《言与文》，卷一，加利玛出版社，2001 年，1339-1380 页。（Michel Foucault et Noam Chomsky, « De la nature humaine : justice contre pouvoir », in *Dits et Écrits*, t. 1, Paris, Gallimard, 2001, p. 1339-1380.）

进行。在此意义上，必须驳斥那些把某些行动模式视为“非法”的话语。这样定性，其基础就是认可由已构成的政治秩序所强加的公正和法律定义。但按照乔姆斯基的看法，实际上是阶级斗争才拥有权利，拥有真正的权利，理性的权利。正是阶级斗争才是正当的，即使这仅仅出于一个理想的公正，出于某个未来的高级平等。那么，现在的国家就反过来成为真正的罪犯：“当我做了一件国家认为是非法的事情，我认为它是合法的；这就是说国家是罪犯。”[1] 乔姆斯基还把阶级斗争比作反抗，比作抵制帝国主义战争，尤其是越南战争的行为：“纽伦堡原则和联合国宪章中有些内容引人注目，它们实际上允许，我想是要求公民以被国家错认为是犯罪的方式去反对自己的国家。尽管如此，他的行为还是完全合法的，因为国际法禁止在国际事务中使用威胁或者诉诸武力，除了某些特别明确的情况，而越南战争则不属于此。就此特殊情况而言，这使我非常感兴趣，那就是美国国家的行为就像一个罪犯。人们有权阻止罪犯去犯罪。当你试图阻止罪犯去犯罪，并不

1　米歇尔·福柯，诺姆·乔姆斯基，“论人性：正义面对权力”，见《言与文》，卷一，加利玛出版社，2001 年，1369 页。

会因为罪犯认为你的行为是非法的，这就成了真理。”[1]

因此，乔姆斯基的思路属于法律-演绎的公理，属于卢梭之路，也就是法国大革命的路径。他预先假设：不试图使造反站住脚，使之合法，那是无法设想的，哪怕仅仅是为了能够区分“正义”和非正义的造反。所以，必须始终有一个判断标准和一个规范，这样才可估计现实，而正是法律思维以及法律概念才允许我们做到这一点：一次造反是合法的、正义的，如果能够把它纳入某种未来的合法框架，或者更确切地说，如果能够使它遵从这样的合法性，并由此出发把现在的局势定义为非法。[2]

从某种观点来看，这个框架能够提供反抗工具，福柯当然并不完全拒绝这个观点。虽说如此，但按照福柯之见，让社会和政治斗争都依靠这样一个从未被质疑过的概念性设备，这依然是有问题的。因为“法律”、“公正”、“法律主体”这些概念都包含在它们声称要反对的体系之中。它们最后必

1　米歇尔·福柯，诺姆·乔姆斯基，“论人性：正义面对权力”，见《言与文》，卷一，加利玛出版社，2001 年，斜体符号由我所加（译按：中译本作楷体）。

2　参见桑德拉·洛洁埃，阿尔贝·奥吉昂，《为什么在民主制中不服从？》，巴黎，发现出版社，2010 年。（Sandra Laugier et Albert Ogien, *Pourquoi désobéir en démocratie ?*, Paris, La Découverte, 2010.）

然会重新产生使人屈从的效应。它们远没有给我们提供工具去拆开、解构政治主权的运行机制，它们是在认可并延长这些配置，使之适应环境（naturalisent）：“在我看来，公正这个观念本身就是由不同类型的社会发明的一个观念，它被当作某种政治和经济权力的工具来使用，或者被当作是反对这一权力的一种武器。但依我看，公正这个观念本身无论如何是在一个阶级社会内部运行的。”[1] 正因为这个原因，福柯随后的结论就是：“和您的想法相反，您不能阻止我的想法，我认为人性、公正、人类本质的实现这些概念，它们都是在我们的文明、我们的知识类型，以及我们的哲学形式内部形成的，我们无法利用这些概念来描述或者解释一场应该，在原则上应该动摇我们社会基础本身的战斗，不管这一点是多么令人遗憾。”[2]

---

1 米歇尔·福柯，诺姆·乔姆斯基，“论人性：正义面对权力”，见《言与文》，卷一，同前，1373 页。

2 同上，1374 页。

13. 不让政府自由放任

如何走出国家的话语？如何与国家斗争，却又不借助于武器，不借助于把我们在事实上纳入国家配置，并因此(eo ipso)继续把我们构成为臣服主体，构成为服从某一君主的那些词汇和概念？自 1970 年代中期开始，这些就是福柯极力回答的问题。其中的利害事关重大，并非如人们想象的那样只是为了设计一种新的权力理论，来取代甚至反对传统的观念。其实，问题在于思考我们拥有什么办法来摆脱基础的思想，来和法律思维决裂，并从法律和“政治”神话中解放出来。福柯想在此采取一种新的态度：不是像政治哲学家们那样站在国家和治理者一边，而是相反站在被治理者一边，站在被治理者的战斗和他们的诉求一边。

从多方面的情况来看，我感到只有在这个背景下才能理解福柯对自由主义和新自由主义的兴趣。因为依福柯之见，如果说新自由主义把断裂引进思想史，这主要是因为它把构成政治哲学和法律规范主义的那些东西击得粉碎。换言之，“市场”、“经济理性”、“经济人”等概念在福柯眼里被视为具有强大威力的批判工具，能够贬低大写法律、法、契约、公共意志等模式。这一范式开辟了一条可能说另一种话语，而不是国家话语的道路。

这样，福柯在《生物政治的诞生》一书中把分析权力和君主的两大传统相互对立：一方面有法律-推理的公理之路，有我们刚才谈到的卢梭之路；但同样还存在着一个绝对可替代的传统，其渊源可追溯至英国的激进主义。此传统发明了一种新方法来质疑国家，并从下面来反对国家理性。它的主要特征就是它并不有利于君主。它并不使用法律的范畴，并不提出国家行为的合法性问题，它感兴趣的完全是不同的事情，那就是“效用”(utilité)。

当人们分析治理实践，通常的态度即在于思考它们是否“合法”，国家的行为是否有法律依据。然而政治经济学却设想了一种新的提问法，它从治理实践的“效果方面”来考察治理实践。福柯举收税的例子。自由主义者，英国的激进派，他们并不寻思是什么允许君主征税，他们并不这样提问，他们只是说：“什么时候征某种税，什么时候征这种税，在某个确切时间，针对这样一类人，或者针对这样一类商品，会发生什么事情？至于这一法律是否在法律上合法，那是无关紧要的，问题在于知道这一法律会造成什么效果，是否它的效果是消极的。那么这时人们就会说有关税收是不合理的，不管怎么说，它没有存在理由。但经济问题的提出，总是在治理实践领域本身的内部，并且是根据其效果，而不是根据在法律上给治理实践提供依据的那些因素。”[1]

依福柯之见，英国激进主义和自由主义的重要特征就是它们解放了自己，并摆脱了国家思维，这是由于它们极其不信任领导人和治理者。这一传统所提出的前所未闻的东西，就是以非政治的方法来分析政治。此传统不像启蒙时代的革命家和理论家那样从法律、合法性、契约等概念来思考问题，它从法律的效用或无用方面，也就是从法律是否造成有害结果这一点来评价法律。

福柯强调一个事实：现代新自由主义即属于这一派系。新自由主义重新拿起这一提问模式，这一提问方法，为己所用，但它把这些方法极端化、普遍化了，尤其可以在美国看到这一点。事实上，自 1960 年起，新自由主义对国家的批判就把市场和市场思维当作评价政府的一个工具。新自由主

1 米歇尔・福柯，《生物政治的诞生》，同前，17 页。

义者设立了某种针对政府的“永久经济法庭”，目的是以市场规律的名义来评价、权衡政府的每一个行为。换句话说，在新自由主义的配置里面，形式-市场会永远反过来针对政府。问题不再是如古典自由主义所做的那样要求国家让市场“自由放任”，而是从市场出发，以便“不让政府自由放任”：“经济表格（grille économique）将能够，也应该能够使人测试政府的行为，评价其有效性，使人能够以其流弊、过分、无效以及庞大的开支来反对公共权力的活动。总之，关键在于使用经济表格……以便巩固对政治行为，对政府行为始终进行的政治批判，并为此批判论证。关键在于从供求的游戏，从此游戏数据的有效性，从公共权力干预市场领域所造成的费用等方面来审查公共权力的所有行为。总而言之，关键在于针对实际运行的治理进行某种批判，此批判并不仅仅是政治上的批判，并不仅仅是法律上的批判。这是一种商业批判，商业批判不知羞耻地（cynisme）反对公共权力的行为。”[1]

福柯当然并非不知道这种实践可能包含的危险。他举了一个机构的例子，即美国企业研究所，这是共和党回应福利

1 米歇尔·福柯，《生物政治的诞生》，同前，252-253 页。

国家以及由民主党所制定的社会措施而建立的中心，其目的在于从费用和收益方面来评价政治。

但我想，福柯主要感兴趣的，在根本上就是由新自由主义者的不服从举动，甚至可以说由他们完成的政变。受政治范畴束缚的话语都限于君主制度之内；它们当然可以援引这些权利，以便对政府的权力运行提出限制（当某些行为显得不合法或者超越法律），但它们从来就不能否认公共权力的基础，不能质疑形式-国家本身，不能否认它要让我们服从这样一个基本意图。新自由主义通过拒绝法律范畴，并把政府行为溶解到经济之中，它由此走得更远。它不再满足于限制君主的权力："它在某种程度上剥夺其权力，罢免其职位。"[1]新自由主义提问法的一大作用就是取消君主的资格。经济的算计揭穿了政治，使政治名誉扫地。按照某一个观点，必须服从法（loi），因为法是合法的，因为法体现了一种法律上的公共"意志"，这一观点在此被否定了。认为法具有特殊的权威，这一点并不被认可，它要受到功利方面的检验。它本身并不拥有价值，只是当其收益高于其支出时，它才有价值，

1 米歇尔·福柯，《生物政治的诞生》，同前，296页。

因此服从和尊重权威的观念在新自由主义的框架内并无意义。

正因为这个原因，福柯才强调一个事实：经济世界和法律-政治世界表现为两个“异质的和不相容的”[1] 世界。法律人（homo juridicus），即法律主体，他是一个接受否定性、超越性、限制性，并服从法律的人。然而经济人（homo œconomicus），他却从未放弃其利益：他处在一个无疑是利己，但却是没有超越性的机制之中；他从未停止以所谓“高级”[2] 要求之名来使他的效用最大化这样一个过程。按此做法，他就无法去建构一个由君主存在定义的政治统一体，因为此过程必然要拒绝他的权利，必然要把他的权利转交给另一个人[3]：经济人“加入他所参与的整体，加入经济整体，并非经由转让和减去，并非经由某种放弃的辩证法；而是经由某种自发增长的辩证法”，也就是自由分权化市场的辩证法，个人意志与他人意

1 米歇尔·福柯，《生物政治的诞生》，同前，286 页。

2 同上，279 页。可以看到，这里的问题并不在于以个人之名来设计一种对国家的粗暴批判。因为法律传统和经济传统都是个人主义的两种传统。但它们并未制造同样的个人概念：在前者，个人被构成为服从的主体；然而在后者，个人被构成为肯定其利益的主体。

3 同上，286 页。

志相协调这样一种交换辩证法。新自由主义以契约取代了道德或社会束缚，它重视形式-团体（复数），而不利于国家组织。[1]正因为这个原因，它才能够伴随某些乌托邦团体，譬如在罗伯特·诺奇克那里，他就把新自由主义的社会定义为一个不确定的空间，每个人都有可能在其中制造暴乱（faire sédition），并创造新的世界。[2]

从本意上说，经济人表现为一个难以治理的人。换言之，不应该把这个形象仅仅看作由经济科学所使用的认识模式或工具。这是一个论战工具，是一个被制造出来、被系统化、被理论化的武器，目的是支持某种批判国家，并质疑主权行使的话语。在此意义上，这是被治理者在某个时候针对治理术而肯定并要求独立而采取的一种形式。[3]它因为这个原因才在福柯的眼里显得如此珍贵。因为当福柯把法律逻辑和新自由主义逻辑相对立，把法律人和经济人相对立时，他成功地揭示了：现代社会的政治权力在何种程度上是依靠服从、放

---

1 参阅亨利·阿尔冯，《美国极端自由主义者》，巴黎，法国大学出版社，1983 年。（Henri Arvon, *Les Libertariens américains*, Paris, PUF, 1983.）

2 罗伯特·诺奇克，《无政府，国家和乌托邦》，巴黎，法国大学出版社，1988 年，365 页。（Robert Nozick, *Anarchie, État et utopie*, Paris, PUF, 1988, p. 365.）

3 米歇尔 · 福柯，《生物政治的诞生》，同前，43 页。

弃、否定性而运行的。于是，走出这一配置就成为一项紧迫的任务，这也要求创造从非政治角度质疑政治的模式。福柯由此邀请我们去重新思考什么是设计某种解放实践的条件，他还让我们意识到：某种对新自由主义的批判，它赞美法律、政治或主权，这是不能接受的，相反，它还有可能是倒退的、反动的。

14. 经济人，心理学和规训社会

在结束探讨福柯和新自由主义的关系之前，我还想提最后一个方面。这个方面比之前的更难讨论，因为福柯在其讲课中只有几页涉及这个问题。在此意义上，人们或许会认为这是一个侧面问题，一个相对重要的问题。其实在我看来，这是一个中心，因为它涉及规范，以及现代社会中规训权力的运行问题，还涉及心理学、精神病学、精神分析学的作用这个并列问题。

这个疑问贯穿了《生物政治的诞生》的两次讲课，其中论及理性选择的经济，经济人模式，尤其是盖瑞·贝克的研究。这些讲课的目的在于强调：不能仅仅从政治或哲学理论的角度来思考新自由主义；还应该意识到一个事实，即它给经济科学带来了重大的认识论更新。

福柯实际上强调一点：自亚当·斯密起，直至20世纪中期，经济分析由其对象来定义：它自称是研究生产、交换、财富分配的学问。经济学就是关于现实的一个独特部分的科学，经济的现实则由消费、投资、劳动分工、增长等内容界定。

然而新自由主义，尤其是美国版的新自由主义，它却提出了另外一种观点。它不把经济归诸于某个对象，而把经济归诸于某种活动：经济科学就是关于理性选择的科学；它的定义就是“分析稀有资源如何被拨给相互竞争的意图。”福柯解释道：“换句话说，人们拥有稀有资源，但就使用这些稀有资源的可能性而言，人们并不只有一个意图或者只有相互重叠的意图，人们拥有众多意图，必须在其中进行选择，而经济分析的出发点应该就是人们如何把这些稀有资源拨给那些互不相容的意图。”[1]

利奥尼尔·罗宾斯[2]首次这样重新界定经济学科，这在思想史上产生了重大作用。由此开启了一场被认为是社会科学中经济帝国主义的运动：一旦经济自称是研究理性选择的科学，研究人们如何把资源拨给这一用途，而不是另一用途，那么它就有合法理由不仅仅研究那些传统上被编入经济的行为，而把分析人的所有行为作为自己的计划：是否生儿育女，是否结婚，是否关注其健康，是否继续学业，是否大量服药等，

1 米歇尔·福柯，《生物政治的诞生》，同前，228 页。

2 Lionel Robbins（1898—1984），英国经济学家。——译者注

这些行为都是由明确或暗含的计算而来的决定，因而它们都有合法理由隶属于经济分析。

新自由主义的一大强项就是它试图以商品措辞来破译所有非商品的现实及关系。人不再被认为是这样一个被分割的人，即他在其经济行为中选择经济思维，但在其生存的其他领域则服从社会、道德、政治、心理、伦理等价值。人被概念化为一个统一的、一致的人，所以他被认为会把经济算计使用到所有事情之中，这就是说，他的行为就像这样一个小型企业，因为受到它所拥有的资源的束缚，它在每时每刻都极力将其效用最大化：新自由主义试图把经济人模式当作是解读所有人和所有行为的表格来使用。[1]

众所周知，人作为理性人这一形象也许是经济领域“正统”版本中最受诋毁的一个方面。这个形象被视为一个陪衬物。这表明新自由主义试图从追求个人利益、物质主义者、自私自利者这些残缺特征来描述我们。它把我们视为冷酷的

1 盖瑞·贝克，《人类行为的经济分析》，芝加哥，芝加哥大学出版社，1976 年，14 页。（Gary Becker, *The Economic Approach of Human Behaviour*, Chicago, Chicago University Press, 1976, p. 14.）

魔鬼和计算机器（这是马塞尔·莫斯[1]的说法），然而我们却是复杂的人，由情感、情绪、激情、精神价值等界定。即使在那些试图把人构成为左派的一个价值，把个人主义构成为一个解放计划的批判理论领域，也会令人惊讶地发现：有人以感性、情感、道德人之名（所依据的说法和基督教人格主义惊人地接近），挥舞着反物质主义、反功利主义的形象去反对经济人。

在《生物政治的诞生》一书中，福柯并未求助于这样的贬损模式。相反，他思考经济人模式的创造性方面，思考使用此模式来分析行为这一举动的多产特性。而在这方面，他详尽地阐发了一个由盖瑞·贝克所研究的非常确切的例子：犯罪、惩罚、司法政策的例子，美国经济学家和诺贝尔奖得主盖瑞·贝克，他在其1968年一篇著名文章《犯罪和惩罚》中即对此作了研究。

如果福柯选择阐发这一例子，这显然不是一个偶然。众所周知，研究“异常”现象，研究它们如何被编码、被建构、被提问，这些对他来说就成了揭示“规训”权力如何在现代

1 Marcel Mauss（1872—1950），法国社会学家。——译者注

社会中运行的一大优先工具。

事实上，自 1970 年代中期开始，米歇尔·福柯在法兰西学院的讲课中，如《精神病学的权力》和《不正常的人》，当然还在《规训与惩罚》一书中，他都致力于分析 19 世纪末以来刑法制度和犯人表象的变化。贯穿其思考的一大主题即在于揭示：精神病学鉴定的出现在多大程度上导致彻底改变针对犯人的看法和处理。犯人不再仅仅被视为一个“违犯者”，福柯借此指一个由其行为，由其所做之事而定义的个人。精神病学鉴定迫使人们接受这样一个观点，即犯罪也表现出，也许首先表现出自童年就染上的某种反常的生活、异常的倾向、不道德的冲动、过度的癖好。因此，犯罪并不仅仅归结为一种犯法行为，这是根植于心理学的某种行为。罪犯不再被视为一个正常人，他被建构成一个“特殊人物”（personnalité à part）。福柯在《不正常的人》一书中这样说：“精神病学的鉴定使人得以将一系列并非犯罪本身的事情，一系列行为和举止加在由法律定义的犯罪之上，而在精神病学专家的话语中，这些行为和举止当然就被说成是犯罪的原因、起源、动机和出发点。在司法实践的现实当中，这一系列行为和举止就构成了应受惩罚的实体，甚至是事实。”[1]

这一配置的历史重要性就在于它重新定义了罪犯的表象，由此重新定义了相对于法律而言的犯罪含义。除了非法行为之外，犯罪还成为别的东西。这是由相对于伦理规范而言的某种不规范而导致的结果，也是其表现。“精神病学鉴定使人得以建构犯罪的心理-伦理对应物。也就是说去掉法典表述的违法的法律含义(délégaliser)，以便显示违法背后的复本，此复本与违法就像兄弟或姐妹，或其他什么东西那样相似，它把违法变成了恰好不再是法律意义上的违法，而把它变成一个相对于某些生理、心理或者道德规则而言并不规范的行为。”福柯下结论说：“其实，精神病医生这时候提出的并非对于犯罪的解释：事实上必须惩罚的就是事情本身，而司法机构必须侵入并控制的也是事情本身。”[2]

换句话说，精神病学，精神病学权力的出现有助于给法律确定的区分提供一种新的深度。合法和不合法的区分

---

1 米歇尔·福柯，《不正常的人，在法兰西学院的讲课 1974—1975》，巴黎，加利玛—门槛，1999 年，15 页。(Michel Foucault, *Les Anormaux. Cours au Collège de France 1974-1975*, Paris, Gallimard-Seuil, 1999, p. 15.)

2 同上，16-17 页。

又附上了一系列其他含义，它从此还把道德和不道德，正常和不正常等区分开来。司法体系不再面对一个“违犯者”(infracteur)，而是面对一个轻罪犯(délinquant)。犯罪不再由法律观点，而是由心理-道德观点来评价。在此意义上，精神病学的权力制造了一类新人，就是罪人(homo criminalis)，而定义罪人的，与其说是他的行为，还不如说是他的生活。这不仅意味着：如果不认识他的生活和他的生活模式就无法理解他(人们并不满足于询问轻罪犯的所作所为，人们还要询问他是什么样的人)，而且还意味着，这一点同样非常重要，即罪犯可以说在犯罪之前就已经存在了(而在非常情况下，其罪行完全不受他的控制)，这种罪行不过是最终表现了预先存在的心理或者道德紊乱。[1]

福柯强调指出，把犯罪领域心理化，这在很大程度上促使刑罚的功能以及司法机构的作用发生变化：刑罚和司法机构不再仅仅限于制裁某一种行为或者强迫赔偿损失，它们介入了一种旨在负责改造罪犯的配置。因为“不正常的人”不能仅仅在司法意义上受到惩罚，他必须受到再教育，被纠正

1 米歇尔·福柯，《规训与惩罚》，巴黎，加利玛出版社，1975年，292页。(Michel Foucault, *Surveiller et punir*, Paris, Gallimard, 1975, p. 292.)

并且被改造。精神病学就犯罪提出了新的概念，这就使一种介于医学和司法之间的新型权力得以确立：这就是“规范化”权力。此权力当然并非无缘无故，也并非自发出现的：它代表了规训诞生的一大模式，而规训就是控制和训练个人的现代技术。

正如迪迪埃·埃里邦所指出的，自1970年代中期起，福柯发展出的一个中心概念，那就是我们社会中的权力机制和“心理-功能”（fonction-psy），也就是和精神病学，精神分析，并和内心、人格、家庭无意识等概念的出现和传播同质地相联系。于是，对使人屈服的规范进行彻底批判，那就不能不彻底批判关于主体的心理概念。[1]

正因为这样，福柯才如此为新自由主义的举动感到吃惊，尤其是它分析罪行的方法。此方法带有一种基本的反心理主义，这在福柯看来可以开辟一条解构精神病学话语和规训范式的道路。

实际上，反心理主义构成了新古典经济学（économie néoclassique）基本方法的要点：这就是它对基础的否定。盖

---

1 迪迪埃·埃里邦，《摆脱精神分析》，巴黎，莱奥·希尔出版社，2005年。（Didier Eribon，*Échapper à la psychanalyse*，Paris，Léo Scheer，2005.）

瑞·贝克在其《人类行为的经济分析》一书的导言中就极其强烈地表达了这一点。他在导言中强调：现代经济的设想就是和科学决裂，因为科学企图通过罗列人的爱好，人的道德倾向，人的心理，人的文化，人的身份等因素来说明个人的行为。按照盖瑞·贝克的观点，这种态度是简单化的，它会使人提出懒人的解释，提出常常几乎是同语反复的解释。但更为严重的是，这类分析参考的是一些难以观察之事，以及某些"内在的"心灵特征，而这些特征都是预先假设的，而不是从客观上确立的。正因为这个原因，经济学打算从相反的前提出发：它假设人都是相同的，人们具有相似的爱好和厌恶。[1] 所以，经济学在原则上禁止以人们的"心理"特征来解释他们的行为差异。经济学仅仅以人们所处环境的差异，以他们的生活背景的不同来说明实践的多样性。换句话说，经济学把人当作是可以相互重叠的经济人，不过他们身处不同的情况之中而已。这就为人类生存的几乎所有层面的政治化开辟了道路。

1　乔治·J. 斯蒂格勒，盖瑞·S. 贝克，"各有所好"，见《美国经济评论》，67 卷，第 2 期，1977 年 3 月，76-90 页。（George J. Stigler et Gary S. Becker, «De Gustibus Non Est Disputandum», *The American Economic Review*, vol. 67, n° 2, mars 1977, p. 76-90.）

于是，那就不难理解把经济人模式用于犯罪将如何从根本上改变对犯罪现象及其“原因”的看法：因为在这里，人们在任何情况下都不会假定罪犯有别于“合规矩者”(conforme)。人们不会把某些心理特征，或者某些奇异的、反常的倾向加在人的身上。进行犯罪活动，或者从事合法活动，这些都不表示铭刻在心理中的倾向。这种选择仅仅取决于个人所受到的客观引诱，取决于他们在完成此举动或者另一行动时可能获取的利益（或者代价）：犯罪是一种理性行为。罪犯不过是这样一个人：他冒着被法律惩罚的危险，因为在他所处的具体情况中，预料由犯罪获得的好处胜过预料如果被捕并受惩罚而来的损失。[1]

可以理解，这类分析的重要性首先就在于去掉对犯罪的思考中包含的悲剧成分，去掉道德或道德化范畴对这类思考的影响。但尤其是新古典经济学，特别是盖瑞·贝克，它们都把罪犯从精神病学家的手掌中夺走：实际上如福柯所说，如果把犯罪定义为“个人冒着被法律惩罚之危险的行为，那

1　盖瑞·S. 贝克，《人类行为的经济分析》，同前，40-46 页。又见同一作者，“思考人生的经济方法”，《诺贝尔奖演讲》，1992 年。（«The economic way of looking at life», *Nobel Lecture*，1992.）

么你们就会看到，在违反交通法规和蓄意杀人之间没有任何区别。这也意味着从这一角度来看，罪犯完全没有被其道德或者人类学特征所标志，或者由此被审问。罪犯绝对就像任何人一样。”于是，新自由主义的古典经济学（économie classique néolibérale）就产生了一种效果，福柯叫做“除去罪犯的人类学特征”（gommage anthropologique du criminel）。此经济学还否认将人划分为正常人和不正常人这种做法的恰当性，也否认在“天生的罪犯、偶然的罪犯、反常者和不反常者、惯犯等人之间所作出的各种区别。”福柯说，所有这一切“都不重要”。[1]结果，整个司法体系都衰落了，并由于新自由主义而潜在地受到动摇，因为此体系即建立在罪犯的病理化，以及精神病学权力之上：“在此意义上，你们可以看到，司法体系将关注的不再是犯罪和罪犯被分成两份这个事实（réalité dédoublée）。那是某种行动，一系列行动导致了某些行为，而行为人希望能够从这些行为中获得利益，不过这些行为带有一种特殊的危险，即不仅仅是经济上的损失，还包括司法危险，或者还包括由司法体系判处的经济损失。所以，司法

1　米歇尔·福柯，《生物政治的诞生》，同前，264 页。

体系并非和罪犯打交道，而是和造成这类行为的人打交道。”[1]

这样就不难理解福柯为什么把新自由主义看作是一个对规训权力的行使基础进行激烈批判的法庭。事实上，在规训和心理学之间存在着某种同质关系：规训显示了这类权力的特征，而这类权力则计划占据心理现象并使之制度化。规训试图通过使人屈服的内在机制从内部来纠正个人。譬如说，这个观念就出现在如今对法律功能的重新定义当中，马尔瑟拉·亚居布[2]即对法律功能作了研究：法律越来越被建设为一种象征法庭，旨在作用于主观性，调整意识而不是行为。[3]但是，经济的反心理主义却使它败坏了权力的这一形象。权力不应该作用于具体人：它只能满足于在游戏规则，以及环境的变数方面进行干预。权力应该退出大脑，只把个人所面对，

1　米歇尔·福柯，《生物政治的诞生》，同前，258页。

2　Marcela Iacub（1964— ），旅法阿根廷法学家。——译者注

3　马尔瑟拉·亚居布，“同性恋夫妇，权利和象征秩序”，见《犯罪曾经几乎都是性方面的》，巴黎，弗拉马里翁出版社，2009年。（Marcela Iacub，«Le couple homosexuel，le droit et l’ordre symbolique»，in *Le crime était presque sexuel*，Paris，Flammarion，2009.）另见“刑罚精神：法律的所谓象征功能以及刑法在性方面的实际变化”，见《一个过失》，20期，2002年，9-28页。（«L’esprit des peines : la prétendue fonction symbolique de la loi et les transformations réelles du droit pénal en matière sexuelle»，*L’Unebévue*，n° 20，2002，p. 9-28.）

并回应的外部坐标作为自己的介入点。换句话说，新自由主义的政治并不是规训的，它代表了这样一种企图，即以另类政治的名义来抵制规训权力观，而这种另类政治可以被定义为一种纯粹和严格意义上的“环境”(environnementale)[1]政治。

但另一方面，我感到非常有必要强调指出：新自由主义在重新定义权力干预的合法领域时，它还提出了一种世界观，一种社会计划，和规训社会的计划毫无关系。

事实上，福柯用很多篇幅来强调一点：精神病学把某些个人建构为“不正常的人”，这与矫正和规范化机制的建立同质性地相互联系。换言之，规训社会是在规范的视野中建立起来的，它突出符合规矩的价值，它通过从内部使人屈服的程序来干预个人，这些程序旨在训练个人，调整他们，使他们习惯于按照游戏规则行事。从理想方面来说，规训社会将是一个没有犯罪的社会，没有不正常，也没有差异。当然，规训权力的一大特征就是它以个体化方式运行，于是它制造了个人。不过这种个体化的作用，其功能恰恰在于使训练更

1 米歇尔·福柯，《生物政治的诞生》，同前，274 页。

加有效。[1]

然而，把经济思维用于司法政策，这将针对这种看问题的方法而引进断裂。经济学家的出发点就是一个简单的确认：当然，降低轻罪犯罪率（他们所谓“落实措施”［enforcement］）是有益的，但同时，这一斗争却有代价，如管制人员（effectifs de police），司法的运行等。所以，要完全消灭犯罪，辨认出并惩罚所有的罪犯，这种想法是荒谬的。这种政治的代价是极其昂贵的，也是不成比例的，也就是说，其代价远远高于社会能够从中获得的利益。新自由主义者试图由此出发去重新表述司法的政策问题。问题不再如人们传统上所做的那样，即思考如何与犯罪作斗争，如何镇压犯罪，而在于确定，福柯在此引用了盖瑞·贝克的话：“有多少轻罪应该被容许……，有多少轻罪犯人应该不受惩罚。”[2]

由此，什么是新自由主义社会的理想和前景？完全不是规范化的理想和前景。按福柯之见，经济学家们的观点就是：“一个社会并不需要无限制地符合规矩。一个社会完全不需

1 米歇尔·福柯，《规训与惩罚》，同前，200 页。

2 米歇尔·福柯，《生物政治的诞生》，同前，261-262 页。

要服从一个详尽的规训制度。一个社会有某种程度的违法率也可以很好，但如果它想无限制地限制这种违法率，它可能会很糟。”[1] 所以，新自由主义的社会并不以规范个人，并控制他们为目标。这是一个多元性的社会。它的特征就是给予“违犯者”个人和少数人的行为某种“宽容”，它并不试图取消“差异制度”，而试图通过建立相关因素之间相抵消的分权化制度（systèmes décentralisés de compensation），以此来使差异制度处于最佳状态。

当然，福柯也知道，这一社会计划是一个纯粹知识上的构想。但是，当福柯打算利用新自由主义作为一种尝试，作为一种批判现实和思想的工具，他对此构想的使用却使人得以把握他想说什么。因为福柯透过经济人的形象而加以强调的，那就是除了由心理学或精神病学提供的关于犯罪行为的表述，另一种表述也是可以考虑的。于是，精神病学的奢望崩溃了，而其奢望就是能够就一个经验事实（“具体的”人，如此这般的人，真实之人）提供一份忠实的描述。如果除了心理学的话语，还可设想其他构想，那么这就意味着心理学

1　米歇尔・福柯，《生物政治的诞生》，同前，261 页。

的话语也只是一个构想而已。所以，经济人的虚拟特征就能够通过比较而显示出众多未明言的假设和任意的选择，而精神病学的权力正是建立在这些因素之上，于是“不正常者”的形象也就隶属于人为的东西。

经济思维，通过模型和抽象来思维，这常常因为其不现实而受到诋毁。但人们却看到它代表了一种非常强大的去自然化（dénaturalisation）工具：它质疑我们对现实形成的图像；它迫使我们不再自发地认同此现实；它使我们面对想象其他观察现实、建构现实的可能性，并反对社会科学中占主导地位的人类学方法，因为此方法通向那些对世界进行同义反复的分析。新自由主义的分析法提供了武器，去破除心理化和道德思想模式的控制，去阻止规训权力运行的冷酷机制。换句话说，再现新自由主义的创造，这本身并非目的，而是一种谋略。对福柯来说，这是一种理论上的策略，以便能够看到反对规训社会的进攻所能够采取的形式：这可能成为这样一个支撑点，即可由此去设想除去使人屈服的实践。

- 谈话录 -

福柯为新自由主义着迷，这是回应他自己的提问[1]

提要 在其生命的末期，米歇尔·福柯对新自由主义极感兴趣。年轻的哲学家和社会学家乔弗鲁瓦·德·拉加斯纳里，在其《福柯的最后一课》一书中再现了福柯对新自由主义所作分析的复杂性，展示了一种对统治效应进行激烈批判的理论。

问：米歇尔·福柯在法兰西学院的讲课《生物政治的诞生》，您对该讲课的解读可能一方面使福柯阵营的人士吃惊，同时也可能使激烈反对新自由主义的顽固派人士感到吃惊，因为

1　在《福柯的最后一课》出版之际，本书作者和 *Les Inrocks* 杂志有过一次谈话，该杂志发表了这次谈话，题为“福柯为新自由主义着迷，这是回应他自己的提问”。本文译自作者的个人网站。——译者注

您以某种方式在捍卫这种意识形态的解放价值。是否您承认这是一种破坏圣像的举动，或者是一种挑衅行为？

答: 被认为是一个挑衅者，这完全不使我感到为难，但就此事而言，我想我不是一个挑衅者。福柯的这个方面是他思想中一段时间内的一个内容，但被掩盖了：人们解剖了他的全部著作，然而1970年代末的这一段落依然没有被人理解。这一段落使人害怕，因为对某些人来说，福柯变得令人担忧。他转向新自由主义思想，那么他就不理睬左派了。相反，对另外一些人来说，福柯对新自由主义进行了彻底的批判：他提供了批判这一新的治理术的工具，温蒂·布朗（Wendy Brown）即提出了这样的解读。但对我来说，福柯并不属于支持或反对这种二选一的情况：他既不是赞美新自由主义，也不是对其进行谴责；福柯处在这样一个时刻，即他当时把新自由主义看作是一种非常独特的思想，看作是一个富有想象力的场所。我想再现福柯的这一举动，再现他如何利用新自由主义作为一种工具，想以此来换一种思路，由此来质疑政治哲学和社会理论，质疑权力、法律、国家、解放等概念。

福柯从未说过要成为一个新自由主义者；他试图理解弗里德里克·哈耶克、盖瑞、贝克、米尔顿、弗里德曼等理论家们想做的事情。如何由此出发去建构一种并非反动的政治？我们需要倾听的正是福柯的最后一课。

问：这一认真的解读被怀疑是在以一种简单的、正面的方式解读新自由主义，为什么这一解读关系到左派？

答：问题在于从福柯的这一讲课出发，去重新发明一种左派的激进自由主义传统（tradition libertaire），也在于重新表述批判理论的话语。现在，人们被新自由主义紧紧地纠缠着，以致于所有批判此理论的话语都被认为是进步的：这就导致回归左派的那些老生常谈。使我感到震惊的是，现在的一些极端言论把新自由主义归结为混乱、商品化、个体化、物质主义等；而为了反对这一切，那就要重建社会，建立联系，创建共识和意义。一端是否定，那就是混乱。而肯定的方面却是秩序、制度、超越。对于秩序的冲动在左派当中出现了。问题在于理解这一点，即这些冲动是从哪里来的，它们又怎样显示了传统理论和概念的局限。

问: 对新自由主义感兴趣，那就是辨认出它的潜在解放效应吗?

答: 是的。尽管如此，这并不妨碍人们因为新自由主义现在所造成的灾难而感到恐怖。但与此同时，人们又可以在此传统中找到解放的工具。比如在抵制国家的实践方面，它可以告诉我们什么东西? 为什么它所起的作用就好像是一种抵制的话语，同时肯定了不被治理的要求? 为什么说这种意识形态肯定了人类世界多样性和异质性的重要性? 所有这一切都能够使人们以另外的方式来思考反对权力的斗争。

问: 您是否由此也赞同某些极端自由主义的理论?

答: 极端自由主义者 (libertariens) 并不为人所知，其中的罗伯特·诺奇克就是一位伟大的思想家。即使像哈耶克，或者盖瑞·贝克这样的思想家，他们同样不为人所知: 他们就像可怕的怪物，人们甚至根本不读他们的书。但这些却是令人感兴趣的人物，他们想让自由主义离开保守主义，并建立一个"新自由主义的乌托邦"。他们不相信家长式统治 (paternalisme)，不相信秩序和国家，不相信这些既影响了右派思想，也影响了左派思想的专制概念。但同时，我也没有忽视他们的死胡同，没有忽视他们如何抬高市场价值，却未考虑到它的后果：在它的体系中，新自由主义理论并无统治和剥削的概念。

问：*您说，多元性位于新自由主义思想的中心，更甚于自由。*

答：多元性就是该思想的中心：赞同人们并不认同同样的价值，设想一个支持生活方式个性化的社会，并允许个人去建立“不同的人生计划”，这是哈耶克的说法。一个众说纷纭的社会，一个冲突的社会。总之……那就是没有社会。没有强制的、相互分享的规范。问题在于设想一个按照无限多元性价值指标来衡量的世界。

问：*所以就有可能利用新自由主义的解放作用？*

答：一旦确立了多元性这个原则，一旦接受人们可以按照对立的生存模式生活，而国家没有必要干预，并把某些选择强加于人，那么我们就可以把新自由主义思想作为一种工具，由此来思考自己，思考自己对于秩序的冲动，以及我们如何总是愿意通过国家来强制推行我们的观点。其实，新自由主义理论要求我们在思考或者行动时，永远相对于我们自己而偏离中心，必须置身于少数人的观点：谁被排斥，谁被少数化，由于什么理论或者什么实践？

问：您深入研究过皮埃尔·布迪厄的著作，您是如何把他的著作和这一对新自由主义的肯定解读相联系的？在这两者之间不是存在着难以调和的差距吗？

答：布迪厄把利益、资本、市场等概念带入社会学领域，这使他得以产生看透社会的效应：个人有所行动，那是因为他们在特定情况下这样或者那样行动对他们有利。布迪厄启发性地使用了经济词汇，实际上，这和福柯的方法很相近，因为福柯就把经济人模型用于犯罪，以此反对精神病学的话语和规训社会。布迪厄是在1990年代才正面批评新自由主义的逻辑。虽然他当年的介入行动对我们所有人来说都具有决定性的意义，但依我看，他把自己封闭在一个我认为相当贫瘠，甚至是反创造的机制当中。

问: 您不害怕整个左派知识界的误会吗?

答: 也许会有误会的可能。当我们想反对知识界的老生常谈,总有可能会产生误会。但是,我想我已经看到了某种新的东西,而我在其他地方都没有看到。通常对福柯的解读在于强调新自由主义的治理术,以及由此治理术而引进的断裂。但人们忘了说: 福柯着迷于新自由主义,这是回应他自己的提问,回应他自己和政治哲学、法哲学,以及他批判马克思主义的探讨。我想,我再次展示了福柯的颠覆性特征。问题并不是把新自由主义树立为教条,也不是奉行它的主张。我想说正相反,对新自由主义进行极端的、有效的批判,我的书就是思考这种批判的条件。只要还停留在保守主义的批判当中,停留在千篇一律的咒语和口号当中(个人主义、商品化、原子化等),新自由主义就安然无恙; 如果相反我们试图把握它的独特性和“肯定性”,同时又抓住它的局限性,指出它所巩固的秩序、阶级和剥削制度,那么我们就能够创造一种话语,紧紧围绕正在涌现的政治和文化斗争。在将近150年前,马克思就号召人们与前资本主义对资本主义的批判决裂: 今天是时候了,应该走出前自由主义对新自由主义的批判。

图书在版编目 (CIP) 数据

福柯的最后一课：关于新自由主义，理论和政治 /（法）拉加斯纳里（Lagasnerie，G. D.）著；潘培庆译 . ——重庆：重庆大学出版社，2016.4（2020.6 重印）
（拜德雅 · 人文丛书）
ISBN 978-7-5624-9737-0

Ⅰ. ①福… Ⅱ. ①拉…②潘… Ⅲ. ①福柯，M.（1926~1984）—哲学思想—研究 Ⅳ. ① B565.59

中国版本图书馆 CIP 数据核字（2016）第 072938 号

拜德雅 · 人文丛书

福柯的最后一课：关于新自由主义，理论和政治

[法] 乔弗鲁瓦 · 德 · 拉加斯纳里 著
潘培庆 译

策划编辑：邹 荣 雷少波
责任编辑：邹 荣
责任校对：贾 梅
书籍设计：左 旋

重庆大学出版社出版发行
出版人：饶帮华
社址：（401331）重庆市沙坪坝区大学城西路 21 号
网址：http：//www.cqup.com.cn
印刷：重庆市正前方彩色印刷有限公司

开本：787mm × 1092mm 1/32 印张：5.5 字数：87 千 插页：32 开 1 页
2016 年 4 月第 1 版 2020 年 6 月第 2 次印刷
ISBN 978-7-5624-9737-0 定价：30.00 元

La dernière leçon de Michel Foucault: Sur le néolibéralisme, la théorie et la politique, by Geoffroy de Lagasnerie, ISBN: 978-2213671413

版贸核渝字（2016）第 001 号

拜德雅
Paideia
人文丛书

（书名以出版时为准）

语言的圣礼:誓言考古学("神圣人"系列二之三)	[意]吉奥乔·阿甘本 著
宁芙	[意]吉奥乔·阿甘本 著
诗的终结	[意]吉奥乔·阿甘本 著
身体之用("神圣人"系列四之二)	[意]吉奥乔·阿甘本 著
历史之眼(第4卷):被展现的人民,作为配角的人民	[法]乔治·迪迪-于贝尔曼 著
自我解释学的起源:福柯1980年在达特茅斯学院的讲演	[法]米歇尔·福柯 著
什么是批判?自我培育	[法]米歇尔·福柯 著
社会学的技艺	[法]皮埃尔·布迪厄 著
学术人	[法]皮埃尔·布迪厄 著
社会学的问题	[法]皮埃尔·布迪厄 著
艺术与诸众	[意]安东尼奥·奈格里 著
非人	[法]让-弗朗索瓦·利奥塔 著
异识	[法]让-弗朗索瓦·利奥塔 著
不可言明的共通体	[法]莫里斯·布朗肖 著
海德格尔:纳粹主义、女人和哲学	[法]阿兰·巴迪欧&[法]芭芭拉·卡桑 著
怎么办?	[法]阿兰·巴迪欧&[法]马塞尔·格歇 著
模式的概念	[法]阿兰·巴迪欧 著
什么是人民?	[法]阿兰·巴迪欧等 著
苏格拉底的第二次审判	[法]阿兰·巴迪欧 著
追寻消失的真相	[法]阿兰·巴迪欧 著
资本主义、欲望与奴役	[法]弗里德里克·罗尔顿 著

从康吉莱姆到福柯:规范的力量	[法]皮埃尔·马舍雷 著
我们自身以外的陌生人	[法]茱莉亚·克里斯蒂娃 著
福柯的最后一课	[法]乔弗鲁瓦·德·拉加斯纳里 著
时间与他者	[法]伊曼努尔·列维纳斯 著
绝对的图系	[英]阿尔贝托·托斯卡诺 & [英]杰夫·金科勒 著
生产的剧场:在康德与德勒兹之间的哲学与个体化	[英]阿尔贝托·托斯卡诺 著
走向思辨实在论:论文和讲座集	[美]格拉汉姆·哈曼 著
铃与哨:更思辨的实在论	[美]格拉汉姆·哈曼 著
阅读我的欲望:拉康反历史主义	[美]乔安·柯普耶克 著
虚无的解放:启蒙与灭绝	[英]雷·布拉西耶 著
资本主义的幸存:生产关系的再生产	[法]亨利·列斐伏尔 著
非政治的范畴	[意]罗伯托·埃斯波西托 著
电子眼:监视社会的兴起	[英]大卫·里昂 著
潘多拉的希望	[法]布鲁诺·拉图尔 著
巴斯德:细菌的战争与和平	[法]布鲁诺·拉图尔 著
再魅化世界	[法]贝尔纳·斯蒂格勒 著
逃逸线	[法]菲利克斯·加塔利 著